JN068891

検証
「LGBT理解増進法」

SOGI差別は
どのように議論されたのか

神谷悠一

かもがわ出版

はじめに

筆者が所属する団体は、2015年に創立、2020年に社団法人化された、一般社団法人性的指向および性自認等により困難を抱えている当事者等に対する法整備のための全国連合会、通称「LGBT法連合会」という団体である。2023年8月現在、102の性的マイノリティ当事者、支援者、専門家による団体によって構成される、いわば団体の団体である。団体の目的は、2015年5月に発表した「性的指向および性自認等による差別の解消、ならびに差別を受けた者の支援のための法律に対する私たちの考え方~困難を抱えるLGBTの子どもなどへの一日も早い差別解消を~」、通称「LGBT差別禁止法」(市民案)を実現することである。

この目的を達成するため、発足間もない2015年6月より、超党派の「LGBTに関する課題を考える議員連盟」と連携して活動を行っている。

本書の前半は、この法整備に向けた、2023年の取り組みや経緯について記す(過去の経緯や、法制化まであと一歩に迫った2021年の取り組みや経緯については、紙幅上、割愛する)*。「性的指向及びジェンダーアイデンティティの多様性に関する国民の理解の増進に関する法律」(「LGBT理解増進法」**)が制定されるまでの過程を、当事者団体の視点から描くものである。

後半は、法律の条文の内容や、内容に関わる法案提出者や政府の答弁から、法律の解釈についてQ&A形式で示していく。現場でこの法律を活用する際に、ぜひ参考にしていただきたい。

本書を通じて、日本の現状認識、性的指向や性自認（ジェンダーアイデンティティ）に関する適切な認識が広く共有され、法の基本理念がうたう基本的人権の尊重や、人格と個性の尊重が、真に促進されることを願うものである。

＊2021年の経緯は、例えば次を参照のこと。神谷悠一『差別は思いやりでは解決しない――ジェンダーやLGBTQから考える』（集英社新書、2022年、184-203ページ）、LGBT法連合会編『SOGIをめぐる法整備はいま――LGBTQが直面する法的な現状と課題』（かもがわ出版、2023年、43および149ページ）。

＊＊この法律は、厳密に言えば「SOGI（性的指向・ジェンダーアイデンティティ）理解増進法」と略されるべきタイトルである。第一条（目的条項）でも、「性的指向及びジェンダーアイデンティティの多様性に関する国民の理解の増進に関する施策の推進に関し、（中略）必要な事項を定める」となっている。ただし、本書においては、読者の混乱を避けるため、一般に使われることの多い「LGBT理解増進法」の略称をカッコつきで使用する。なおLGBT法連合会では、SOGI理解増進法の略称を採用している。

検証「LGBT理解増進法」
SOGI差別はどのように議論されたのか

第Ⅱ部 「LGBT理解増進法」はどういう法律か

装丁／クリエイティブ・コンセプト
本文DTP／小國文男

第Ⅰ部
「LGBT理解増進法」成立の過程を追う

1　G7サミットに向けた当事者団体の動き

●G7議長国日本への期待

２０２３年のＳＯＧＩをめぐる法整備に向けた動きは、この年に日本がＧ７の議長国であったことが大きく関係する。

ＬＧＢＴ法連合会をはじめとする当事者団体のＧ７に向けた動きは、２０２３年2月のいわゆる「首相秘書官発言」よりも前から準備がなされていた。

Ｇ7を目途に取り組みを進めたのには、いくつかの背景があり、次のように整理できる。

一つは、２０２１年に行ったキャンペーン「#Equality Act JAPAN　日本にもＬＧＢＴ平等法を」で培った国際的なネットワークを通じて、Ｇ7議長国としての日本への期待がＬＧＢＴ法連合会にも寄せられていたことである。ヒューマン・ライツ・ウォッチ（Human Rights Watch）や、アスリートアライ、オールアウト（All Out）などの国際団体と形成したつながりは、例えばＩＬＧＡ（イルガ／International Lesbian, Gay, Bisexual, Trans and Intersex Association／国際レズビアン・ゲイ・バイセクシュアル・トランスジェンダー・インターセックス協会）など、国際的もしくは各国の当事者団体や人権団体などとの連携を容易なものとしていた。

そのような中で、2022年11月にベトナムで開催された国際会議「ILGAアジア会議（Asia Conference)」の場では、他国の団体との交流の中から日本で開催されるG7への期待が聞かれ、G7に向けたLGBT法連合会のムーブメントへの期待の声も大きかったという。[1]

そもそもG7については日本政府も「G7サミットでは、世界経済、地域情勢、様々な地球規模課題を始めとするその時々の国際社会における重要な課題について、自由、民主主義、人権などの基本的価値を共有するG7各国の首脳が自由闊達な意見交換を行い、その成果を文書にまとめ公表します。[2]」と位置付けている。日本が、性的マイノリティに関する課題について、国内はもとより、アジア地域において主導的な取り組みの展開を期待されるのは、この位置付けに鑑みて当然のことと言えよう。

もう一つ背景として挙げられるのは、首脳コミュニケの存在である。2022年にドイツで開催され、岸田首相も参加したG7エルマウ・サミットにおける首脳コミュニケでは、性的指向や性自認についてかなり強い書きぶりとなっていた。[3]例えば次の一文を見てみたい。

(1) このILGAアジア会議に、LGBT法連合会は加盟団体から参加者を募り、団を派遣していた。

(2) https://www.g7hiroshima.go.jp/summit/about/faq/

(3) 2021年開催の、菅前首相が参加したG7コーンウォール・サミット（開催国イギリス）においても、首脳コミュニケには、「ジェンダー平等は他の特性と交差する部分があり、あらゆる形態の人種差別やLGBTQI+の人々に対する暴力及び差別に対処することを含め、我々の行動はこれらの交差性を意義ある形で考慮する必要がある。」「我々は、全ての個人の性と生殖に関する健康と権利（SRHR）を促進し保護するための我々の完全なコミットメ我々は、女性と男性、トランスジェンダー及びノンバイナリーの人々の間の平等を実現することに持続的に焦点を当て、性自認、性表現あるいは性的指向に関係なく、誰もが同じ機会を得て、差別や暴力から保護されることを確保することへの我々の完全なコミットメントを再確認する。この目的のために、我々は、長年にわたる構造的障壁を克服し、有害なジェンダー規範、固定観念、役割及び慣行に対処するための我々の努力を倍加させることにコミットする。我々は、あらゆる多様性をもつ女性及び女児、そしてＬＧＢＴＩＱ＋の人々の政治、経済及びその他社会のあらゆる分野への完全かつ平等で意義ある参加を確保し、全ての政策分野に一貫してジェンダー平等を主流化させることを追求する。[4]（傍線は筆者による）

「性自認、性表現あるいは性的指向に関係なく、誰もが同じ機会を得て、差別や暴力から保護されることを確保することへの我々の完全なコミットメントを再確認」「あらゆる分野への完全かつ平等で意義ある参加を確保」などといった文言を筆者らが与野党議員に紹介して回ると、例えばある与党議員から「こんなにすごいことが書いてあるのか」との声が聞かれた。

この文言を正面から受け止め、コミュニケ通りに国内で政策を展開することとなれば、差別禁止法制定や、同性カップルの権利保障、性同一性障害者の性別の取扱いの特例に関する法律（以下「性同一性障害特例法」）の改正も、他のＧ７各国と同様の水準まで進めるというように読める。

前述のＩＬＧＡアジア会議における日本の国際的なリーダーシップへの期待も無理からぬことと言えよう。

●エンゲージメントグループＷ７への参画

日本が議長国としてＧ７サミットを開催する立場となれば、前年に取りまとめた首脳コミュニケの履行状況が、国内状況含めて問われることは明らかであった。

そこで、ＬＧＢＴ法連合会は、まず、Ｇ７に向けた取り組みの準備段階として、Ｇ７のエンゲージメントグループ(5)である、Ｗｏｍｅｎ７（以下「Ｗ７」という）に参画することとした。

ントを再確認し、それらがジェンダー平等、女性及び女児のエンパワーメントにおいて、また、性的指向及び性自認を含む多様性への支援において果たす重要かつ変革的な役割を認識する。」などの文言が入っていた。次のＵＲＬの23、24ページを参照のこと。https://www.mofa.go.jp/mofaj/files/100200083.pdf　ただ、前者は末尾が「考慮する必要がある。」であり、交差性の中の類型の一つとしてのみ「ＬＧＢＴＱＩ＋」が位置付けられているなど、後掲する２０２２年の首脳コミュニケに比べると位置付けが弱い。このようなこともあってか、筆者らが与野党議員に２０２１年首脳コミュニケを紹介しても、反応は鈍く、国会で取り上げられることも管見の限りなかったと思われる。

＊なお、ＵＲＬの最終アクセスは２０２３年9月3日。以下すべてのＵＲＬについて同じ。

(4) このような強い文言となったのは、ドイツ政府が熱心に性的マイノリティの課題について取り組んだ結果であると聞かれる。コミュニケ全文は次を参照のこと。「Ｇ７首脳コミュニケ」外務省ウェブサイト。https://www.mofa.go.jp/mofaj/files/100376624.pdf

(5) エンゲージメントグループとは、政府とは独立した各分野のステークホルダーから形成され、Ｇ７で議論される各分野について、Ｇ７の成果文書に影響を与えるべく政策対話や提言を行うグループである。

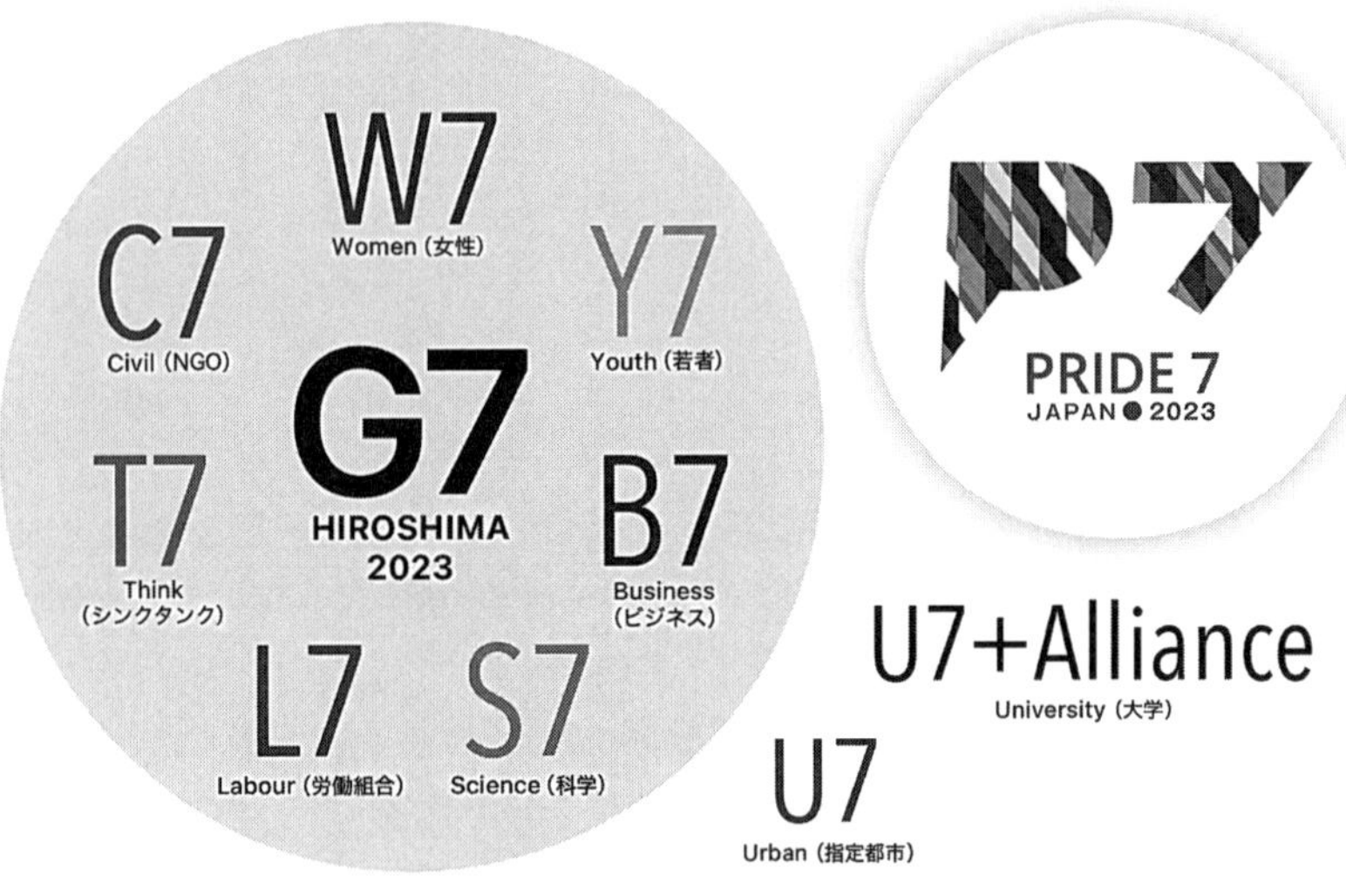

G7のエンゲージメントグループ概要図（作成：松岡宗嗣）
＊筆者らの記者会見で使用

W7は、2018年のカナダで開催されたサミットから、公式エンゲージメントグループとなっている、女性団体等によって構成されたグループである。公式ウェブサイトには「ジェンダー平等と女性の権利に関する提案を各国政府に推進するために集まって」おり、「交差性と包摂性というフェミニストの原則に基づき、W7はG7諸国だけでなく、女性と女児の権利にコミットする世界中のフェミニスト組織や女性の権利擁護団体を結集している。その目的は、G7の指導者たちが、あらゆる場所の女性と女児の生活に具体的かつ持続的で変革的な影響をもたらす具体的な政治的・財政的コミットメントを採択するようにすることであ

る。」と記されている。(6)

このW7は、2022年ドイツでのエルマウ・サミットに向けた活動から、性的指向・性自認についても中心的な課題に位置付けていた。2023年のG7広島サミットに向けて組織されたW7Japanは、G7の成果文章に影響を与えるべく、5つのワーキンググループを設けて提言策定を行うこととしていた。

この5つのグループのうちの一つには「身体の自律と自己決定：ジェンダーに基づく暴力（GBV）、性と生殖に関する健康と権利（SRHR）、性的指向・性自認・ジェンダー表現・性的特徴（SOGIESC）」（傍線は筆者による）も設けられていた。

LGBT法連合会では、このワーキンググループに参画することは当然としつつ、SOGIに関する課題は、分野横断的なものであるため、このワーキンググループのみならず、関連するワーキンググループに参画していくべきとの内部議論がなされた。その結果、前掲のグループに加えて、「女性のエンパワメント、意味ある参加、リーダーシップ」、「持続可能性と正義のためのフェミニスト外交政策：複合的かつジェンダー化された人道危機および女性と平和・安全保障への対応」の、合わせて3つの分科会に、それぞれ当時の代表理事を派遣することとした。これにより、日本も含めたG7各国に更なる性的指向・性自認（SOGI／Sexual Orientation and Gender Identity)

(6) https://women7.org/

の取り組みを進めるよう働きかけ、これをもって議長国である日本の課題についても取り組むよう働きかけることを企図していた。(7)

●「Pride 7」性的マイノリティの課題に特化したグループ

G7に向けた準備の取り組みは、このW7への参画に留まらなかった。LGBT法連合会は、かねてから国内でも協力関係にあった国際人権NGOヒューマン・ライツ・ウォッチに加え、初の共同行動を「公益社団法人結婚の自由をすべての人に - Marriage for All Japan -」(以下「マリフォー」という)にG7に向けた取り組みを呼びかけ、その取り組みの大きな目標として、世界初の「LGBT7」ならぬ「Pride(プライド)7」(以下「P7」という)を設立する準備を進めていた。

ここで、なぜW7で性的指向・性自認の課題を扱っているのに、わざわざP7を設立するのかについて簡単に述べておきたい。

一つには、課題の可視化をあげることができる。性的指向・性自認の課題において、不可視化されている課題や当事者の可視化は重要な意義があると考えられてきた。「カミングアウト」が運動の歴史上大きな意味を持ってきたことからもそれは明らかであろう。そこで、W7の中の一つの課題としてではなく、あえてP7という性的マイノリティに特化した旗を立てることで、課題をより可視化することが重要なことであると考えた。

もう一つは、前述の各国団体からの期待も踏まえ、アジアにおける日本のリーダーシップの発揮を促すことであった。性的指向・性自認の課題は、欧米に比べてアジアの歩みが芳しくないと指摘される。そうした中で、自由、人権、民主主義を共通の価値観として掲げるG7の枠組みに、唯一アジアから入っている日本が議長国である年に、P7という旗を掲げることは、今後日本がリーダーシップを発揮していくためにも、大きな意味があると考えたのである。

この趣旨を説明したところ、W7もP7設立に全面的に賛意を示してもらえることとなった。同時に、W7自体の中で、引き続き

W7 Japanキックオフイベント(2023年1月20日)
LGBT法連合会の代表理事(当時)の原ミナ汰や、事務局次長(当時)の西山朗が写っている(写真提供:Women 7 / Yuichi Mori)

(7) G7エルマウ・サミットでは、エンゲージメントグループの一つであるBusiness7が、その提言の中で国連の文書を引用する形で、開催国であるドイツ国内の人権に関する法整備に対して厳しい指摘を掲載している。次のURLの6ページを参照のこと。https://english.bdi.eu/publication/news/b7-employment-recommendations/

性的指向・性自認の課題について積極的に取り上げるということも確認された。

また、P7設立の趣旨は、各国大使館からも同意を得ることに成功した。

このように、首相秘書官発言以前から、前述の3団体は、P7を日本で実施する実行委員会として、準備を進めつつあったのである。

同時に3団体は、この課題が横断的な課題であることを改めて重視し、W7以外のエンゲージメントグループに対しても、働きかけを強め、各提言（コミュニケ）にSOGIの課題を盛り込むよう要請を進めるなど、2023年のG7広島サミットに向けた取り組みを加速化していた。

2 首相秘書官発言の波紋

●LGBT法連合会の抗議声明

2023年2月3日夜、突然連絡が入ってきた。内容は、どうやら首相秘書官が性的マイノリティに関する差別発言をしたらしい、というものだった。急いで報道を見てみると、首相秘書官が、「僕だって見るのも嫌だ。隣に住んでいるのもちょっと嫌だ」という発言をしたと報じられていた。(8)

後日の報道によると、この発言は、前々日の2月1日に、岸田首相が衆議院予算委員会において、立憲民主党の西村智奈美議員の同性婚に関する質問に対し、「家族観や価値観、社会が変わる課題だ」と答弁したことに関連する発言であったという。

発言をした秘書官は、「秘書官もみんな嫌だと言っている」、「(同性婚の法制化に関しても)認めたら、日本を捨てる人も出てくる」なども語っていたと報じられていた。(9)

ＬＧＢＴ法連合会は、報道を緊急事態と受け止め、深夜のうちに持ち回りで声明について審議を開始した。そして、翌４日の昼には持ち回り審議を終え、午後の早い時間に「岸田首相秘書官の差別発言報道に関する声明」を発出した。次にこの声明の冒頭のパラグラフを抜粋する。

２０２３年2月3日、荒井勝喜首相秘書官は、性的マイノリティや同性婚に関連して「僕だって見るのも嫌だ。隣に住んでいるのもちょっと嫌だ」と発言し、同性カップルの権利保障をめぐって「社会に与える影響が大きい。マイナスだ。秘書官室もみんな反対する」と発言したと報じられた。そして当該秘書官の更迭に関して報じられている。しかし、当該秘書以外の首相の「秘書官室全員」がそのような認識であるとすれば、極めて深刻な状況であり、

(8)「首相秘書官、性的少数者や同性婚巡り差別発言」毎日新聞、２０２３年2月3日　https://mainichi.jp/articles/20230203/k00/00m/010/329000c

(9)泉宏「秘書官『同性婚』差別発言で岸田政権、迫る崩壊危機――首相長男『公用車観光』問題に続く秘書官の失態」東洋経済オンライン、２０２３年2月6日　https://toyokeizai.net/articles/-/650792

Ｇ７議長国として国際的に日本の立場が問われる発言であると指摘せざるを得ない。当該秘書官が発言を撤回した今後も、秘書官室の全メンバーはもとより、首相の見解が問われて然るべきである。

加えてこの声明では、既に進めていたＧ７に向けた取り組みを踏まえ、次のように言及した。

今年は日本がＧ７サミットの議長国となる年であり、各国から性的マイノリティ当事者である要人や、関係スタッフも多く来日する。当事者を「見るのも嫌だ」との認識を首相の秘書官、秘書官室全員が持っているとすれば、Ｇ７各国からどのように見られるかは明白である。仮にそのように各国のサミット参加者を眼差しているとすれば、Ｇ７から放逐されても文句の言えない大きな国際問題であり、首相はもとより、他の秘書官室メンバーの認識を、改めて確認する必要があるのではないだろうか。

●国際社会からの批判

ここで特に念頭に置いていたサミット参加者は、アメリカのピート・ブティジェッジ運輸長官である。ブティジェッジ長官はゲイ男性であることをカミングアウトし、アメリカ大統領選挙の民主党内の予備選挙の候補者であった。Ｇ７では、交通大臣会合が開催されることも予定されており、ブティジェッジ長官はその参加閣僚となることが予測された。(10) 他にも、各国の外交官や関係者に当事者がいることは明らかであった。

そもそも性的マイノリティ当事者であり、そのことをカミングアウトしている要人は、アメリカだけでも、レズビアンであることを公表しているカリーヌ・ジャンピエール大統領報道官、トランスジェンダー女性であることを公表しているレイチェル・レヴィーン保健福祉次官補らなど枚挙にいとまがない。アメリカでは、わざわざ政府関係者の性的マイノリティ当事者２００人のリストが公開されている。(11) 一方、駐日イギリス大使のジュリア・ロングボトム氏の長女が同性婚をしていたことは、２０２３年３月に改めて報じられている。(12)

まさに当事者の閣僚や外交官、スタッフにとって、首相秘書官発言は、自分が「見るのも嫌だ」と言われたのに等しいと考えるのではないか。自分でなかったとしても、家族が、同僚が、上司が、「見るのも嫌だ」と言われたと捉えるのではないか。筆者は、首相秘書官発言をこのように受け止めていた。

(10) 実際にブティジェッジ長官は三重県の伊勢志摩で開催された交通大臣会合に出席している。詳細は次のＵＲＬを参照のこと。https://www.mlit.go.jp/report/press/content/001615280.pdf

(11) 次のＵＲＬからリストを見ることができる。https://victoryinstitute.org/programs/presidential-appointments-initiative/lgbtq-appointments-in-the-biden-harris-administration/

(12) 「Ｇ７議長国へ各国のいら立ちが形に…ＬＧＢＴＱの差別禁止に動きが鈍い日本と岸田首相　駐日大使の連名書簡」東京新聞、２０２３年3月16日　https://www.tokyo-np.co.jp/article/238246

実際に、その捉え方は間違っていなかったようである。6日の週に来日したアメリカ国務省のLGBTQ特使であるジェシカ・スターン氏は、来日中、朝日新聞のインタビューに対し、「コミュニティの一部が疎外され、排除されるときはいつだって、私たち全員が傷つくのです」と語っている。[13] 同時期に来日していたマーク・タカノ米国議会下院議員（アメリカの性的マイノリティに関する議員連盟の共同議長）は「政府高官が言語道断な発言をしたことは恥ずべきことだ」と述べている。[14]

このような背景もあってか、首相秘書官発言のニュースは世界を駆け巡っていたようであり、国連もメッセージを発信していた。6日に、国連事務総長の報道官は、荒井秘書官発言について、「事務総長は嫌悪（ヘイト）に強く反対しており、誰を愛し、誰と一緒にいたいかを理由に誰も差別されてはならない」と述べ、「『（経緯の）詳細は分からない』とした上で『（性的少数者の）人々が毎日直面している嫌悪や暴力の増大について、私たちは考えを明確にしてきた』と述べ、どのような場合でも性的指向や性自認を理由にした差別は許されないと改めて強調した」と報じられている。[15] 日本のSOGI課題について、国連事務総長の報道官が発言したのは、これが初めてだったのではないだろうか。[16]

●事態が大きく動き出す

国内でも大きな反響が見られた。マスコミ報道が相次ぎ、ニュースで繰り返し報じられたことはもとより、秘書官発言から週が明けて6日、筆者が国会の議員会館を回ると、前の週とは全く異なる「異次元」の様相を呈していた。前の週までにも、前述の通り筆者らはG7に向けた取り組みの準備を進めており、2022年のG7首脳コミュニケやW7の話などの説明に回っていた。しかし、与野党誰もが、G7に向けた動きが、法制化に直結するとは考えていないようであった。これが、首相秘書官発言を経た6日には、与野党ともに法整備は当たり前、野党の中には「差別禁止」も「同性婚」も実現する雰囲気ではないかと話す議員もいた。

このような状況も踏まえ、翌日の2月7日、LGBT法連合会、ヒューマン・ライツ・ウォッチ、マリフォーの3団体は厚生労働省で記者会見を行い、首相秘書官発言への抗議を表明した。

---

(13) ジェシカ・スターン氏は来日時に、政府関係者や、与党幹部を含めた国会議員と相次いで会談していたが、スターン氏が性的マイノリティ当事者であることを明らかにしていることについて、日本側の会談相手がどこまで認識していたのかは、今もって筆者には不明である。

(14) 「性的少数者への姿勢『変わっていないのは日本政府』米議会、権利問題取り組むマーク・タカノ下院議員」朝日新聞、2023年3月30日朝刊

(15) 『誰を愛すかで差別はならぬ』国連報道官、荒井元秘書官更迭で」毎日新聞、2023年2月7日 https://mainichi.jp/articles/20230207/k00/00m/030/039000c

(16) 2021年の法制定を求める国際キャンペーンにおいては「国際社会は日本を先進国であるとみなしており、日本が差別禁止法を制定していないなど、LGBTに関する人権状況に大きな課題を抱えていることは、詳しく説明しないと理解してもらえない」との声が国際団体などから聞かれた。しかし、この事務総長報道官の発言からはじまった2023年の国際報道は、（後述の通り）過去にも遡って、日本の政府関係者や政治家が、どのような発言を行い、どのような勢力を背景としているのかを詳報した記事が多く見られた。

同時に、G7広島サミットまでに、差別禁止を含む法整備、同性カップルの権利保障、性同一性障害特例法の改正など、他のG7と同等の法整備を求めた(17)。

差別や偏見による当事者の生活上の困難は、首相秘書官発言の前後で大きく変わったわけではない。むしろ、日常的な差別が、首相秘書官発言という形で象徴的に明るみに出たということではないだろうか(18)。それでも、どのような経緯であれ、当事者の生活上の差別による困難解消や、権利保障を実現することは急務であり、この千載一遇の機会を逃すわけにはいかなかった。

秘書官発言を踏まえて、総理が当事者に面会するのではないか、という話が、少なくとも6日の週の時点でささやかれていた(19)。しかし、2月14日までは、表立った動きが見られなかった。

一方、立憲民主党SOGIプロジェクトチーム(7日)、森まさこ首相補佐官(10日)、泉立憲民主党代表(10日)、日本共産党の会議(13日)、公明党SOGIプロジェクトチーム(14日)などにLGBT法連合会が呼ばれ、ヒアリングを受けた。並行して、これ以外の党の関係者とも面会を重ねていた。

15日には、いよいよ超党派のLGBTに関する課題を考える議員連盟の総会が開催され、LGBT法連合会、マリフォー、松岡宗嗣氏が、ヒアリング対象として招かれ、意見聴取がなされた。そして、馳浩前会長が衆議院選挙に不出馬となってから1年半ぶりに、空席であった超党派の議員連盟会長に、岩屋毅元防衛大臣が就任するとこの日、決まった。そこで岩屋新会長は、2021年に与野党で合意したSOGIに関する法律の早期成立に向けて取り組みを進める旨を表明し、これが総会で確認された。

いよいよ、超党派の議員連盟も、法整備に向けて改めて狼煙をあげたのである。同じ15日には、総理官邸にも動きがあった。17日に政府としてヒアリングをしたいとの打診がLGBT法連合会にきたのである。しかしこの時、政府側から、誰が出席するのかは、私たちにも不明であった。総理が出席すると分かったのは、16日の夕方であり、マスコミ発表などとほぼ同じタイミングだった。水面下でさまざまな動きがあり、総理の出席表明がギリギリのタイミングとなったのではないかと漏れ聞かれた。

この15日には、更にもう一つ動きがあった。駐日アメリカ大使ラーム・エマニュエル氏が、記者会見の中で「日本の議会に対して、『明確で曖昧さのない』性的マイノリティを保護する法律を希望すると述べた。この問題での岸田首相のリーダーシップに完全な信頼を置いていると付け加えた。」、「(性的少数者に対して国会が)寛容さだけでなく、差別に対する明確な声となるために必要なステップを踏むことを期待する」と表明していたのである。大使の動きはこの後も大きく世間の注目を集めることとなる。

(17)『性的マイノリティー差別禁止の法律整備を』当事者団体が会見」日本放送協会、2023年2月7日　https://www3.nhk.or.jp/news/html/20230207/k10013973661000.html

(18) もちろん、政府高官の差別発言が、差別を助長することは考えられる。

(19)「性的少数者　首相は声を聴くべき――多様性ある社会へ方向性示せ 記者団に山口代表」公明党ウェブサイト、2023年2月6日　https://www.komei.or.jp/komeinews/p279139/

2月15日、まさに各方面が大きく動き出した日であった。

3　岸田総理との面会へ

●「当事者が今苦しむ一番の要因は、法制度」

岸田総理との面会は当初、2月17日の15時からの30分程度と聞いていた。面会するのは、LGBT法連合会の他に、プライドハウス東京、認定NPO法人ReBitであった。

当日は、冒頭、マスコミが入っての総理からの挨拶、秘書官発言に対する謝罪があった後[20]、出席者のみの場において、各団体から取り組みの紹介や意見表明の時間が設けられた。司会の小倉將信共生社会担当大臣からの声がけで、1団体7分程度の報告が促された。しかし、各団体とも熱が入り、報告は延びた。総理が時間の延長を容認したことから、結果として面会は50分程度に及んだ。

この時、LGBT法連合会からは、団体設立の経緯の他に、いくつか今日的な課題について紹介し、提言を行った。他団体から当事者の実態については調査などが示されていたため、LGBT法連合会からは提言を中心にすることとしたのである。

一つには、前掲の首相秘書官声明や2022年のG7エルマウ首脳コミュニケ、あるいは過去の差別禁止法についての調査結果[21]などの紹介を行った。

二つめに、国際社会における日本の位置付けを、OECDの性的マイノリティの権利保障に関する法整備の調査結果などを交えて説明した。[22]「理解増進」のための法律を制定しても、OECD調査のランキングがあがることはないことにも言及した。[23]また、前述の特使のインタビュー記事など、秘書官発言が、国際的にどのような影響をもたらしているか、各国の当事者の要人を中心にどのように受け止められているかについても、説明を行った。

---

(20) 首相官邸「LGBTに関する関係者との会合」2023年2月17日 https://www.kantei.go.jp/jp/101_kishida/actions/202302/17lgbt.html

(21) 性的マイノリティに対するいじめ・差別禁止の法制化に87・7%が賛成しているという調査結果。詳細は次を参照のこと。釜野さおり・石田仁・風間孝・平森大規・吉仲崇・河口和也2020『性的マイノリティについての意識：2019年（第2回）全国調査報告会配布資料』219ページ、JSPS科研費（18H03652）「セクシュアル・マイノリティをめぐる意識の変容と施策に関する研究」（研究代表者広島修道大学 河口和也）調査班編。http://alpha.shudo-u.ac.jp/~kawaguch/2019chousa.pdf

(22) ちょうど、15日の議員連盟において、英語の資料を交えてOECDの各国法整備状況の調査について紹介したところ、たまたまそれを見たと思われる記者が、翌日の東京新聞1面トップに、OECD調査を図も交えて書いており、その紙面も持参した。

(23) OECD調査は、差別が禁止されていること、人権機関を設置していること、同性カップルの権利保障、性自認の法的承認に関する指標が中心となっており、関係法の法律の有無や啓発の実施は評価対象となっていない。指標は次を参照のこと。1.LGBTI-inclusive laws and policies in OECD countries: An overview, Over the Rainbow? The

加えて、国会が位置している東京都はすでに差別禁止条例が制定されており、にもかかわらず差別を禁止すると社会が混乱するという議論は成立しないことについても言及をした。[24]そして、「(差別禁止法の制定について)総理、ご決断を！」[25]と2度ほど述べた。

最後に、この時点で、法整備の議論を進めれば、トランスジェンダーに対するバッシングが激化することになると考えられるため、このような首相秘書官発言を経て、当事者の権利保障を議論するにあたり、逆にバッシングを強めることのないよう、要請した。

他の団体からの当事者の実情の話など、一通りの話が終わったところで、小倉大臣から総理に対して当事者団体の説明に対するコメントを求める場面があった。

しかし、総理からはなかなか言葉が出てこなかった。1分程度経過してからであろうか、慎重に言葉を選んだ総理から出てきたのは「当事者が一番苦しんでいる、その根幹は何ですか」という質問だった。

これに対しては、3団体とも、異口同音に「法制度」であると表明した。LGBT法連合会の藤井ひろみ代表理事は、「かつては宗教、医学でしたが、いまは法制度によって苦しめられています」と答えていた。[26]

このように、総理は私たちの訴えに対して、この段階では真摯に聞いてくださったように思う。ただ、上述のやりとりの他に、参加者が一橋大学のアウティング事件について触れると、総理がきょとんとした表情をし、事件に触れた参加者が説明し直すという一幕もあった。この一幕を見た筆者は、総理個人がどうということよりも、そもそもこの課題について、総理に対するブリーフィングがされていないのではないかと直感的に感じた。総理がわざわざ謝罪をするという政府の一大事において、主要事件についてブリーフィングをできるような蓄積や体制が、日本政府にはないのかもしれないと感じた瞬間でもあった。(27)

●「G6」とEUの大使レター報道

筆者は、総理と面会した直後のメディアのぶら下がり取材で「抜本的に政策が加速し、変化し

Road to LGBTI Inclusion, *OECD*, 2020. https://www.oecd-ilibrary.org/sites/8d2fd1a8-en/1/3/1/index.html?itemId=/content/publication/8d2fd1a8-en&_csp_=08ffc7de174b956fd7b0b0d5b75479ab&itemIGO=oecd&itemContentType=book

(24) 都議会の議論では、都議の質問に対し東京都は「第三条に規定いたします性自認及び性的指向を理由とする不当な差別の解消並びに性自認及び性的指向に関する啓発等の推進を図るという趣旨を実現するために差別禁止規定を置いたもので、都、都民、事業者が、それぞれ性自認及び性的指向について理解を深めることが目的でございます。」と、答弁している。東京都議会「総務委員会速記録第十号」（２０１８年）より引用。https://www.gikai.metro.tokyo.lg.jp/record/general-affairs/2018-10.html

(25) 秘書官発言後に与党の複数の議員が、理解増進法制定より踏み込んだ対応をするかどうかは「総理のご決断次第」と述べていたことを念頭に置いていた。

(26) 「(序破急)「苦しみの根幹」に触れる　司法社説担当・井田香奈子」朝日新聞、２０２３年４月24日朝刊

(27) 面会に参加した参加者のオンライン報告会は次から見ることができる（ＬＧＢＴ法連合会からは藤井代表理事が参加した）。一般社団法人ｆａｉｒ「【緊急配信】岸田首相に伝えたこと――岸田政権によるＬＧＢＴＱ関連団体ヒアリング報告会」２０２３年２月17日。https://www.youtube.com/watch?v=9JyKLhEa-3c

ていくことを期待している」と述べたものの[28]、その後、政策的に大きな動きは見られなかった。法整備についても具体的な動きは見られず、当初多く出されていた関連報道も若干下火になりつつあった3月16日、あるスクープが舞い込んできた。

G7の日本以外の6カ国とEUの駐日大使らが、総理に対してレターを取りまとめていたと東京新聞が一面で報じたのである。レターには、「差別を防ぐことは私たちの原理原則である責務だ」「G7首脳は昨年6月の（ドイツでのエルマウ・サミット）最終成果文書で、性自認や性的指向にかかわらず、全ての人が差別や暴力から守られるべきだとの考えで一致している」「G7議長国である日本は、LGBTQの人々を守る法整備を含めた国内課題を、国際的な人権擁護の動きに合わせて解決できる、またとない機会に恵まれている」「LGBTQの人々への等しい権利を求める日本の世論が高まっているだけでなく、差別から当事者を守ることは経済成長や安全保障、家族の結束にも寄与するだろう[29]」「日本とともに、人々が性的指向や性自認にかかわらず差別から解放されることを確かなものにしたい」と記載されていたという[30]。

レターの内容は、G7に向けて準備をしていた私たちの状況認識や意図と重なるところが多く、「素直にこれまでの経緯を見れば当然そういう話になる」との意を強くした。法整備の動きが見られない中、当初の予定通りG7に向けた取り組みを進めていたLGBT法連合会、ヒューマン・ライツ・ウォッチ、マリフォーの3団体にとっては、追い風となる動きだったと言えよう。

このレターは、国会において、2022年のG7エルマウ首脳コミュニケとともに繰り返し取

り上げられることとなっていった。(31)

4 国内での運動の積み重ね

●経済界からの法整備を求めるメッセージ

SNSなどを見ていると、2023年前半の動きについて、海外からの外圧「のみ」に目を向け、揶揄する向きも見られる。しかし、法整備を求める議論は、国内の各分野でも積み重ねられており、それは2023年に一斉に花開いた。

これまでの積み重ねでいえば、例えば経済同友会は、2017年2月に発表した『ダイバーシティと働き方に関するアンケート調査結果』の中で、「LGBTに対応する施策」を調査項目に

(28) 「岸田首相 LGBTなど支援団体と面会 〝多様性尊重 実現へ努力〟」日本放送協会、2023年2月17日 https://www3.nhk.or.jp/news/html/20230217/k10013983801000.html

(29) G7エルマウ・サミットの首脳コミュニケには、安全保障の節にも性的マイノリティに関する記述が盛り込まれていた。コミュニケは前掲註(4)を参照のこと。

(30) 「日本除いた『G6』からLGBTQの人権守る法整備を促す書簡 首相宛てに駐日大使連名 サミット議長国へ厳しい目」東京新聞、2023年3月16日 https://www.tokyo-np.co.jp/article/238238

(31) G7の首脳コミュニケについて、2023年ほどたびたび国会で取り上げられることは、国会の会議録検索を見る限り、例を見ないことであったようだ。

含めていたことを明らかにしており、取り組みを実施した企業で効果を発揮した例として「差別禁止規定の明文化」などが挙げられている[32]。

日本経済団体連合会（以下「経団連」という）は、2017年5月に発表した加盟企業への提言『ダイバーシティ・インクルージョン社会の実現に向けて』の中で、具体的な取り組みとして「性的指向・性的自認等に基づくハラスメントや差別の禁止を、社内規定等に具体的に明記」を挙げているとともに、「多様な人材の存在を前提とした環境・制度の整備を進める」にあたって「LGBTに関わる様々なNPO法人等との意見交換や協働を図ることは有用である」としている[33]。

このほか、新経済連盟は「SOGIエンパワーメントPT」を設け、2019年8月に第1回セミナーを開催して以降[34]、取り組みを重ねてきている。

このような取り組みの積み重ねから、社会や政治に大きなインパクトを与える発言が飛び出した。それは、2023年3月の経団連の十倉雅和会長の次のような発言である。

世界は差別禁止ですよね。理解増進ではなくて、日本はその前段階のLGBTQ理解増進。理解増進（法案）を（国会に）出すのすら議論しているというのはいかがなものかと。（法案を）出すことによって差別が増進されるとか訳の分からない議論がされているように感じます[35]。

この他に十倉氏は、「2月の訪米時に米政府の要人2人から状況を問われたと明かし、『国会で議論されようとしているると答えるのも恥ずかしいくらいだった』とした。」と報じられている。[36]
この十倉氏の発言については、国会でも繰り返し取り上げられていた。
また、経済同友会も強力なメッセージを発している。２０２３年４月に新たな代表幹事に就任した新浪剛史氏は、就任直後、記者の質問に対して「ＬＧＢＴＱはイノベーションに関わることである。多様性を認め、我々企業、日本が革新的になっていく大きな基盤であり、その中の要素がＬＧＢＴＱである。それを是非進め、広げたいという立場である。」「海外において、残念ながら日本の企業、特に日本は、多様化について遅れている（と思われている）代表例がこのようなことになる。そのような日本に対する世界のイメージ、捉え方を国会（議員）の皆さんにご理解いただきたいと思う。」と述べている。その上で、ＬＧＢＴに関する法案が成立しなかった場合の経済界・企業の損失について問われると、「海外事業を行う上で、日本企業、日本の会社として

(32) 経済同友会『ダイバーシティと働き方に関するアンケート調査結果』２０１７年、45ページ　https://www.doyu-kai.or.jp/policyproposals/articles/2016/pdf/170207a.pdf
(33) 日本経済団体連合会『ダイバーシティ・インクルージョン社会の実現に向けて』２０１７年、10－11ページ　https://www.keidanren.or.jp/policy/2017/039_honbun.pdf
(34) https://jane.or.jp/policy/pt/sogi_empowerment_pt/
(35)「経団連会長　ＬＧＢＴ法案審議進まず苦言『世界は差別禁止　日本はその前段階』」日テレＮＥＷＳ、２０２３年３月20日　https://news.ntv.co.jp/category/economy/a450ce9050bb4f5faea1eeef89a2a291
(36)「ＬＧＢＴ法案めぐり経団連会長が苦言　欧米への遅れ『恥ずかしい』」朝日新聞、２０２３年３月20日　https://www.asahi.com/articles/ASR3N6KKTR3NULFA02G.html

大変イメージ（が損なわれる）、そしてまた、私どもサントリーのように消費ビジネスをやっていると、大変（消費者の）理解が得づらいことに繋がるのではないかと思う。そのため、ＬＧＢＴＱに限らず、多様性というものの重要性、そしてその根底に流れる人権（が重要）である。民主国家として、まずこういった（人権を尊重している）ことを認めてもらい、『その国の私達は事業体である』と（理解を得る）。（法案が成立しないと日本企業に）どのぐらいのマイナスになるかは、正直分からない。」と踏み込んで言及している。[37] ここで、経済界から、法案の成否を巡って「民主国家」という単語に言及されていることは注目すべきであろう。

さらに、新経済連盟も、２０２３年４月に「ダイバーシティ・エクイティ＆インクルージョンの推進に関する声明」を発表している。この声明の中で、「ダイバーシティ・エクイティ＆インクルージョン（ＤＥ＆Ｉ）の尊重及び推進は、あらゆる人々が社会において活躍できる環境の整備という点で大変重要な位置付けである。」とし、「世界的には同性婚や性的指向・性自認に基づく差別禁止の法整備が進むといったように、ＤＥ＆Ｉの考え方が実装されてきている。そのような中、現在の我が国のＤＥ＆Ｉに関する議論は、諸外国に比べると何周も遅れていると指摘せざるを得ない。ＤＥ＆Ｉの尊重は、基本的人権を尊重することそのものでもあることを忘れてはならない。（中略）引き続き、与野党の枠を超え、あらゆる性的指向・性自認の人々が安心して暮らし、活躍できる社会づくりに全力を尽くすよう改めて求める。」と表明している。[38]

このように、経済界からは相次いで取り組みの推進、法整備を求める声が続いた。そのような声が、イノベーションを求めてのものであったり、ビジネスへの弊害を取り除くためのものであるところが、経済界ならではと言うこともできるが、人権の課題に取り組まないことが、結果として「ビジネスの弊害」になると、経済界トップが口々に語るところに隔世の感を覚えたのは、筆者だけではないだろう。

●労働界のSOGI差別禁止に向けた取り組み

一方、経済団体よりも一足早いタイミングで取り組みを実施してきたのは労働界であったように思う。

労働組合の全国組織、日本労働組合総連合会（以下「連合」という）は、2016年3月に「性的指向及び性自認に関する差別禁止に向けた連合の当面の対応について」を中央執行委員会で確認している。そして同年8月、この方針に基づいて「LGBTに関する職場の意識調査〜日本初

(37) 経済同友会事務局「2023年度通常総会、理事会後記者会見発言要旨」経済同友会ウェブサイト　https://www.doyukai.or.jp/chairmansmsg/pressconf/2023/230428_2205.html

(38) 新経済連盟は、2021年にも当時の理解増進法を評価する声明を発表している。「ダイバーシティ&インクルージョン推進に関する新経済連盟の声明」 https://jane.or.jp/proposal/pressrelease/19068.html　中核企業である楽天は、LGBT法連合会が実施している、SOGI差別を禁止するためのキャンペーン「#Equality Act JAPAN 日本にもLGBT平等法」への支持を表明し、ビジネス平等サポート宣言を行っている。この宣言の詳細については次のウェブサイトを参照のこと。https://equalityactjapan.org/

となる非当事者を中心に実施したＬＧＢＴ関連の職場意識調査〜」を発表した。[39]また、翌年の２０１７年11月には「性的指向及び性自認（ＳＯＧＩ）に関する差別禁止に向けた取り組みガイドライン〜すべての人の対等・平等、人権の尊重のために〜」を発表している。[40]

このガイドライン発表以降、連合は春季生活闘争方針に『性的指向及び性自認に関する差別禁止に向けた取り組みガイドライン』を活用し、就業環境の改善等に取り組む。」を盛り込んでおり、[41]その後も「差別撤廃の観点から、同性パートナーに対する生活関連手当の支給をはじめとする福利厚生の適用を求める」を新たに加えるなど方針を拡充してきている。[42]直近の２０２３年の春季生活闘争のまとめによれば、性的指向・性自認の課題について、１３５件（交渉単位）が要求・取り組み、うち、回答・妥結件数が37件となっている。[43]

こうした取り組みの積み重ねもあってか、２０２３年2月の荒井元首相秘書官発言への対応も早く、発言後の週明け2月6日には「内閣総理大臣元秘書官による性的マイノリティへの差別発言に抗議する談話」を発出している。その中で「こうした無理解にもとづく差別や偏見を日本社会から払拭していくためにも、性的指向・性自認に関する差別を禁止する法律の早期制定が求められる」と言及し、早々に差別禁止法制定を求める姿勢を鮮明にした。[44]加えて、翌3月の中央執行委員会において「性的指向・性自認に関する差別を禁止する法律の早期制定に向けた連合の当面の取り組みについて」を再度取りまとめ、3月8日の国際女性デーに、従来の国際女性デーのアピールとは別途、「連合２０２３ 春季生活闘争 3・8 国際女性デー 全国統一行動 中央集会」

名義で「性的指向・性自認に関する差別を禁止する法律の早期制定を求める緊急アピール」を発出している。[45] その後も、差別禁止法の早期制定に向けてエマニュエル大使を訪ねたり、[46] 後述の通り緊急集会を実施するなど、一貫して取り組みを進めていた。[47]

このように、海外の外圧「のみ」が、法整備を進めたというのは明確に誤りと言えるし、「最近になって急にＬＧＢＴと言われてきた」という指摘も、このような経済界や労働界の動向を踏

---

(39) 日本労働組合総連合会『ＬＧＢＴに関する職場の意識調査〜日本初となる非当事者を中心に実施したＬＧＢＴ関連の職場意識調査〜』２０１６年　https://www.jtuc-rengo.or.jp/info/chousa/data/20160825.pdf?4446

(40) 日本労働組合総連合会『性的指向及び性自認（ＳＯＧＩ）に関する差別禁止に向けた取り組みガイドライン〜すべての人の対等・平等、人権の尊重のために〜』２０１７年（２０１８年にＶｅｒ３に改訂）　https://www.jtuc-rengo.or.jp/activity/gender/lgbtsogi/data/SOGI_guideline20190805.pdf?8823

(41) 日本労働組合総連合会「２０１８ 春季生活闘争方針」２０１７年、9ページ　https://www.jtuc-rengo.or.jp/activity/roudou/shuntou/2018/houshin/data/houshin20171205.pdf?v1221

(42) 日本労働組合総連合会「２０２３ 春季生活闘争方針」２０２２年、13ページ　https://www.jtuc-rengo.or.jp/activity/roudou/shuntou/2023/houshin/data/houshin20221201.pdf?3652

(43) 日本労働組合総連合会「２０２３ 春季生活闘争まとめ〜評価と課題〜」２０２３年、38ページ　https://www.jtuc-rengo.or.jp/activity/roudou/shuntou/2023/houshin/data/matome20230721.pdf?6078

(44) 日本労働組合総連合会 事務局長 清水秀行「内閣総理大臣元秘書官による性的マイノリティへの差別発言に抗議する談話」２０２３年2月6日　https://www.jtuc-rengo.or.jp/news/article_detail.php?id=1231

(45) https://www.jtuc-rengo.or.jp/activity/gender/iwd/2023/appeal.pdf?13

(46) https://www.jtuc-rengo.or.jp/news/news_detail.php?id=1967

(47) 全国労働組合総連合（全労連）、全国労働組合連絡協議会（全労協）なども、２０２１年の「#Equality Act JAPAN 日本にもＬＧＢＴ平等法」の署名集めを行うなど、取り組みを積み重ねている。

まえれば当たらないと言える。２０２３年のさまざまな発言や動きは、当事者団体や各界の地道な中長期の積み重ねによって、生まれるべくして生まれたとも言え、流行りに乗ってたまたま出てきたというような事柄ではないのである。

5　G7広島サミット開催へ　法案をめぐる攻防

●「Pride 7サミット」の開催

一方、年始からの準備が実り、２０２３年3月30日、衆議院第一議員会館で、「Ｐｒｉｄｅ（プライド）７サミット」が開催された。

実は、このサミットは、一時開催が危ぶまれていた。年始の段階で立てていた、各国の当事者団体を招集し、3月までにＧ７に対する提言をまとめ、サミットを開催するという当初のスケジュール自体、もともと「強行軍」であった。

ここに、前述の通り2月の荒井首相秘書官発言によって状況が一変。ＬＧＢＴ法連合会ほか３団体はいったん、発言への対応や、法整備に向けた国会対応に注力していた。Ｐｒｉｄｅ７の準備に再度本腰を入れることができたのは2月末くらいであったように思う。

しかし、関係スタッフの血の滲むような奮闘によって、結果として、リアルとオンラインのハイブリット開催ではあるものの、アメリカ、イギリス、フランス、ドイツ、カナダのＧ７各国[48]、タイ、ボツワナ、ベトナム、メキシコのグローバルサウス他の各国、それぞれの当事者団体の参画に漕ぎ着けることができた。

加えて、前節までに言及してきたＧ７の日本以外の各国、経済界、労動界の面々が、Ｐｒｉｄｅ７サミットで一堂に会することも実現した。

来賓として、Ｇ７各国とＥＵ代表部、メキシコ、オーストラリア、オランダ、オーストリア各国の公使などに臨席賜った他、経団連の審議員会副議長兼ダイバーシティ推進委員長である柄澤康喜ＭＳ＆ＡＤインシュアランスグループホールディングス会長、オイシックス・ラ・大地株式会社代表取締役社長の高島宏平氏（経済同友会で副代表幹事

Pride（プライド）サミット（2023年3月30日、衆議院第一議員会館）

(48) イタリアは直前で調整がつかなくなり、参加が叶わなかった。

を務めていた）、連合の井上久美枝総合政策推進局長などが席を並べてくださった。また当事者であることをカミングアウトしている経済人としてEY Japanの貴田守亮CEO、パトリック・ジョーダン日本コカ・コーラ人事本部長にも参加いただいた。

一方、W7ジャパンからは福田和子共同代表にも来賓として臨席いただいた。福田代表には、W7からPride7への連帯を表明してもらうことができた。

さらに、今回のG7サミットに向けた働きかけの結果、W7以外にも、C7[49]、Y7、B7の各コミュニケの中でSOGIなどに言及がなされることとなっていたため[50]、C7の若林秀樹幹事、そしてY7の千葉宗一郎会長にも臨席を賜った。

また、国会議員からも、超党派議員連盟の岩屋毅会長、西村智奈美幹事長はじめ、各党から臨席を賜った。

運営にあたっては、日本の多くの当事者団体のメンバーにサポートをいただいた[51]。

このサミットのハイライトは、来賓の豪華さと挨拶もさることながら、やはりサミット後半の各国団体による白熱した議論であった。

前述の日程のタイトさもあり、このサミットまでにP7としてのコミュニケをまとめることは叶わず、サミット本番でも実質的な議論がなされるプログラムとなっていた。そのため、来賓の挨拶を終えたサミットの第2部では、各国と膝詰めで、コミュニケの文言一つ一つについて議論がなされた。終了時間間際までの折衝は和やかながらも、「熱い」議論であった。

主要な論点のめどはサミットの時間内で付けたものの、いくつか積み残された課題が残った。そこで、残りの課題についてはメールで持ち回り審議を行うこととし、これを参加者全員が了承、サミット自体は一度閉幕することとした。

その後、P7コミュニケは、4月上旬、無事に取りまとめられることとなる。同月17日にリリースされ、森まさこ首相補佐官へ21日に手交するなど、[52]着々とプロセスを進めることができた。

●エンゲージメントグループコミュニケ、そしてG7外相のコミュニケ

しかし、Pride7サミットを終えても、与党自民党内での法整備の議論が始まる気配はなかった。次第にG7までに法案を成立させることが、日程的に厳しい状況となっていく。報道では、統一地方選後に議論が開始されると囁かれるが、確たる見通しがつかない状況が続いた。そ

---

(49) 特にC7には、2月の段階で、W7とともに「結婚の平等を含むLGBTQIA+の権利の確保および性的指向・性自認・ジェンダー表現・性的特徴（SOGIESC）に対する差別撤廃の立法化に関する声明／Statement on Ensuring LGBTIQA+ Rights includingMarriage Equality and Legislating prohibition of SOGIESC-based discrimination」を発表いただいていた。全文を次のURLから見ることができる。http://women7.org/wp-content/uploads/2023/03/C7-and-W7-Statement-on-LGBTIQA-Rights_20230214.pdf

(50) L7の今年の主催団体であった連合は、開会挨拶の中で「性的指向・性自認に対する差別禁止の法制化」に言及したという。次のURLを参照のこと。https://www.jtuc-rengo.or.jp/news/news_detail.php?id=1958

(51) Pride7サミットの模様は次の公式サイトから見ることができる。https://www.marriageforall.jp/pride7/

(52) 参加各国団体から、G7各国政府への提出も並行して行われた。

もそも、選挙後の議論開始では、よほど日程を詰めなければG７に間に合わないとみられた。「自由、人権、民主主義」を共通の価値観とするG７議長国としての資格がいよいよ問われる事態となっていった。

一方、G７が近づく中、各界のプロセスは着々と進み続けた。W７は４月７日にコミュニケを発表した。「W７ Japan ２０２３コミュニケ」は、前文において「私たちは、G７首脳が、ジェンダー平等と女性の権利──そこには多様なSOGIESCの人びとが含まれる──をしっかりと中核に据え、平等で公正で平和な未来を持続可能な方法で築くための政策を公約として掲げ、その約束を実現するために具体的な財源や資源を準備し、迅速に確固とした変革志向の行動を取ることを強く求める。」と宣言していた。W７コミュニケは前述のワーキンググループと対応した５つの柱からなっていたが、性的指向・性自認を掲げた柱以外においても、「女性、少女、LGBTIQ+」などと併記された箇所が散見され、全体を通じて性的指向・性自認を包含したジェンダー平等をめざすことを明確にしていた。

C７、Y７、B７も着々とコミュニケを発表。それぞれ、岸田首相への手交へとプロセスを進め、その模様は相次いで報道された。

そうした中、G７外務大臣会合が開催、４月18日にG７外相コミュニケが発表される。そこには、「ジェンダー平等並びにあらゆる多様性を持つ女性及び女児並びにLGBTQIA＋の人々の権利の促進と保護に関するG７の継続的な世界的リーダーシップを再確認する。」との文言が明記されていた。国会などでは、性的マイノリティ関連の記述は、今回のサミットでどのように表現されるかに関心が集まっており[53]、後退もあり得るのではとの声が聞かれる中、外相コミュニケは一つの明るい兆しに思えた。

ただ、冷静に考えれば、G7とは「人権」などを共通の価値として世界的リーダーシップを取るべき立場であり、その意味で「LGBTQIA＋の人々の権利の促進と保護に関するG7の継続的な世界的リーダーシップを再確認」は当然といえば当然の記述ともいえる。

一方、法案の審議が始まらない国内状況においては、国内向けの顔と、国際向けの顔のギャップをいっそう際立たせる内容にも思えた。

●自民党内閣第一部会の議論

そして、いよいよ統一地方選後半が終わり、自民党内の議論が開始された[54]。

複数の国会議員の見立てによれば、G7に間に合わせるためには、4月24日の週には内閣第一

(53)「G7サミット成果文書にLGBTQ権利保護盛り込む意向　首相『大きな方向性は明らか』と強調　参院予算委」東京新聞、2023年3月28日　https://www.tokyo-np.co.jp/article/240695

(54)この議論開始は自然となされたものではなく、自民党、公明党の議員連盟所属議員を中心に、積極的かつ粘り強い働きかけがあったという。公明党の山口代表が、法案の議論開始を促すと再三再四にわたって報じられていたことは、記憶に新しい。例えば次の記事など。「『後ろ向きの自民、恥ずかしい』　LGBT法案、公明代表が批判」毎日新聞、2023年3月14日。https://mainichi.jp/articles/20230314/k00/00m/010/233000c

部会での議論を終えなければいけないとされていた。しかし、開かれた内閣第一部会は、法案の修正を求める声、そもそも法律を制定する必要性を認めない声などが溢れ、4月中どころか、そもそも法案を部会で通すことができるのかどうかも先行き不透明な様相だった。

法案に対して慎重、反対を求める声の大半は、2年前と同じく「差別」に関する書きぶりと、ジェンダーアイデンティティを「性自認」と訳すことについての反対であった。[55]

しかし、2年前と違い、G7首脳コミュニケの存在、国内外の動向を見るに、「差別」に関する文言を弱める方向に修正を加えるというのは、道理が通らないのではないかと思えた。また、「性自認」については、最高裁もこの訳語を採用していたことが明らかになっており、最高裁と異なる文言で立法をするというのも、改めておかしな話だと思われた。[56] ただ、政治の場ではとめどなく後退することもある。[57] 性自認という用語が認められないとなれば、2年前にも予測したように、次に性同一性障害以外のトランスジェンダーは認めない、となり、その次は性同一性障害特例法上の手術要件を満たしたトランスジェンダーしか認めない、さらにその次は性同一性障害も含めたトランスジェンダーは認めないと、際限なく後退することが考えられた。[58]

そのような中、超党派議員連盟に所属する議員を中心に、超党派議員連盟の案のまま通すよう求め続ける議員も見られた。例えば岩屋毅議連会長は「今や、『gender identity』は性同一性ではなく、性自認と訳することが主流だ。その意味でも（性自認の方が）適切ではないか[59]」と意見発信を続けるなど、部会で最後まで超党派案のまま通すよう求めたと耳にした。

この時期のNHKの調査では、LGBTQなど性的マイノリティの人たちの人権は守られていると思うかを聞いたところ、「守られていると思う」が9％となるなど[60]、世論の認識は醸成しており、少しでも権利保障につながる案が求められた。

しかし、5月の連休明けに部会で示された修正案では「性自認」を「性同一性」とし、「差別は許されない」を「不当な差別はあってはならない」にしたと報じられた。

一瞬ここから押し返す議論の進展に期待したが、逆に部会では「調査研究の推進」や「教育」

(55) 2年前の意見に対する検証は、筆者が別稿でまとめている。「はじめに」の註を参照のこと。

(56) 「性自認」という言葉への批判の論拠として、自分の認識次第で変えられるような印象を持たれるなどと言われたが、そもそも「性同一性」が心と身体の一致などの安易な誤解を招くとして「性同一性」ではなく「性自認」が使われるようになった経緯を考えると、疑問符が頭に浮かぶものであった。会議では、性同一性障害しか認めたくないので「性同一性」とすべきとの声が公然と上がったと耳にした。実際に議員が「性同一性は医学的な用語でもありフラットだ」と発言していたことは報じられている。「『学校でLGBT教育するのか』自民、修正案に注文相次ぐ」産経新聞、2023年5月10日。https://www.sankei.com/article/20230510-BCRBMTRJCZKUDA6KGXOUI73U4Y/?634947

(57) とめどなく後退する話については、次に詳しく示している。神谷悠一「【LGBT新法めぐる議論】差別をなくす取り組みの広まりは歴史的な達成。今後の課題は?」2021年、ハフポスト日本版。https://www.huffingtonpost.jp/entry/story_jp_60e7c538e4b015898510bab4

(58) 実際このような要望や意見が出されていると筆者の耳に入っていた。

(59) 「超党派議連の岩屋毅会長　訴訟活用リスク『ない』」産経新聞、2023年5月12日　https://www.sankei.com/article/20230512-7SUQD2S4N5MTBKYKQD6Q3XVALY/

(60) 「〝LGBT〟議員立法『差別は許されない』文言扱い議論続く　自民」NHK政治マガジン、2023年5月9日　https://www.nhk.or.jp/politics/articles/statement/98944.html

について問題視された。結果として「調査研究の推進」は「学術研究の推進」とされ、国、地方公共団体、事業主、学校設置者に課される努力義務は、三条分を一条にまとめることとなった。この案は内閣第一部会で承認され、政調審議会、総務会と通過することとなる。

これらの修正のうち、特に「性同一性」については、意味は「性自認」と同じではあるものの、行政の運用においては「性同一性障害」と混同されるおそれが強いと、複数の行政関係者からの声を筆者は受け取っていた。元文京区課長で、日本大学教授の鈴木秀洋氏は、「自治体は、『性同一性』という用語について、２００３年の性同一性障害特例法と結び付いた『障害』という概念から、むしろ使用を避けてきたという歴史がある」と述べ、自治体に混乱をきたすと指摘していた。[61] 当時の修正点については、のちに松岡宗嗣氏らが課題を指摘し、警鐘を鳴らしている。[62]

●問われる民主国家としての真価

与党の修正案が自民党総務会を通過する直前の5月12日、15カ国の在日公館は、「ＬＧＢＴＱＩ＋の権利を支持する在日外国公館のメッセージ」動画を公開した。[63] 動画は、各国の大使たちが代わる代わる登場し、異口同音に、差別に反対し、性的マイノリティのコミュニティへの支援を表明するメッセージを述べ、レインボーを背景に「ＬＧＢＴＱＩ＋の皆さんの権利を支持するために私たちは団結しています！」という文字で締め括られるものだった。

これを地下鉄の駅でたまたま見ることとなった筆者は、思わず涙が滲み出たことを今でも覚えている。多くの人に運動を支援してもらい、取り組みを可視化することができている筆者は、性的マイノリティの中では極めて恵まれた立場にあると捉えている。しかしそれでも、ふとした瞬間に（マイノリティであることの）理由のない後ろめたさや、罪悪感にかられることが今でもある。そんな筆者にとって、多くのバックグラウンドを持つ国々が「団結して」支援してくれていることは心強く、これまでの自分たちの取り組みが走馬灯のように駆け巡り、なんとも言い知れない気持ちを噛み締めた。おそらく、多くの孤立している当事者、特に子どもたちにとって、このメッセージはより強く、より深く、勇気づけられるものであったのではないか。

ここまでの動画が出てくる一因には、海外メディアが、日本国内の性的マイノリティを取り巻く政治状況を、過去の政治家の発言にまで遡って盛んに報道していたことがあったかもしれない。例えば、４月２日にイギリスのガーディアン紙は、荒井首相秘書官発言などと並べて、杉田水脈氏の「生産性」発言や、２０２１年の神道政治連盟の会合での同性愛が「精神疾患」だとする冊子の配布について報じている。４月12日のワシントンポスト紙の記事のタイトルは、「日本は

(61) 「ＬＧＢＴ法案、目的はどこへ？ 行政法学者が見た問題点」朝日新聞、２０２３年６月９日 https://www.asahi.com/articles/ASR685VWWR5YUTFL011.html なお、鈴木氏は記事が出る前の５月16日の院内集会でも同様の趣旨の発言をしていた。

(62) 松岡宗嗣「ＬＧＢＴ法案、異例の「３つの案」で混迷。今国会成立の見通し立たず」ヤフーニュースウェブサイト、２０２３年５月30日 https://news.yahoo.co.jp/expert/articles/a2c84ef4e665aaa898f3f2cba0c24c216980bb4

(63) https://twitter.com/usambjapan/status/1656922955434315776?s=46&t=YVOCX-QofIBqvSy6SY4XwQ

LGBTQの人々に敵対的だが、態度は変わりつつある。少しずつだが」であった。

また、G7直前の5月17日のワシントンポスト紙は、西田昌司参議院議員が「差別禁止法案を作ることは『社会的対立や分裂を招くことになり、日本社会にはふさわしくない』と考えていると述べた。」と伝えている他、前述のOECD調査における日本の法整備の遅れ、15カ国の在日公館のビデオメッセージ、マーク・タカノ議員の「LGBTQコミュニティ――国の中での彼らの地位は……その国の自由民主主義の健全性と脈拍を測る上で、私にとって常に試されるものです。」とのコメント、「Unity in Diversity（多様性と調和）」がテーマであった2021年の東京オリンピック前に差別禁止法を導入しなかったことなどをまとめて報じている。(64)

同日のニューヨークタイムズ紙は、「日本が同性愛者の権利で同盟国に遅れをとる中での、宗教右派の隠れた影響力」と題して、神道団体の影響力について詳報している。記事は「同性愛を『後天的な精神障害、依存症』であり、『矯正療法』で治すことができるとする講演録」や、統一教会についての動きにも及んでいた。(65)

さらにG7首脳会合最終日の5月21日のニューヨークタイムズ紙では、エマニュエル駐日アメリカ大使のツイートや、在日公館の動画が「内政干渉」であるとの批判を受けており、自民党の国会議員がツイッターで批判の投稿をしていること、一部の批判的な新聞の動きがアメリカ国内のフォックスニュースに飛び火し、アメリカ大使が「文化の破壊」を推進していると主張されていることを紹介していた。加えて、日本には「外圧」という言葉があることや、エマニュエル大使を日本国内で支持する声、岩屋議連会長のコメントなどを紹介した上で、そもそも（大使のことに言及するのであれば）日本も外国の行為について抗議する例があるとのアナリストのコメントを紹介していた。(66)

２０２１年の東京オリンピック以前に私たちが運動を展開した際には、国際団体から「日本は先進国だから、ＬＧＢＴに関する人権侵害や法整備の遅れがあることは、よほど説得的に話さなければ信じてもらえない危険性がある」と言われていた。そのため、私たちの取り組みを海外メディアが報じたのは、国会最終盤、オリンピック直前などの限られた場面に過ぎなかった。

ところが、２０２３年は、首相秘書官発言に国連事務総長の報道官がすぐさま反応したこともあってか、海外メディアは詳細に、過去の日本に起こったことも含めて、繰り返し報じた。いわゆる「ジャニーズ問題」をＢＢＣが辛辣に報じたことは日本国内で広く共有されたが、性的マイノリティの課題も、同じように辛辣に、その実情が報じられていた。Ｇ７の枠組みのみならず、今後の国連をはじめとする国際社会の舞台において、日本がこのようなイメージをどう払拭する

(64) "As G-7 approaches, Japan remains an outlier on LGBTQ rights", *The Washinton Post*, May 17, 2023 https://www.washingtonpost.com/world/2023/05/17/japan-g7-summit-lgbt-rights/

(65) "The Religious Right's Hidden Sway as Japan Trails Allies on Gay Rights", *The New York Times*, May 17, 2023 https://www.nytimes.com/2023/05/17/world/asia/japan-same-sex-marriage.html

(66) "As Rahm Emanuel Pushes Japan on Gay Rights, Conservatives Bristle", *The New York Times*, May 21, 2023 https://www.nytimes.com/2023/05/21/world/asia/rahm-emanuel-japan-gay-rights.html

のかは、まさに民主国家としての真価とともに問われることになるのではないだろうか。

●G7広島首脳コミュニケ

このような国際社会からの厳しい視線の中で迎えたG7広島サミットは、例年よりも早い、なか日の5月20日に、首脳コミュニケを発表した。

与党内の法案に関する議論から、よりいっそう首脳コミュニケの内容の後退への懸念が高まっていたが、コミュニケの内容はほぼ前年通りであった。大幅な改善もなかったが、大きな後退も見られなかった。ただ、次の一文には注目すべきであろう。

> 我々は、長年にわたる構造的障壁を克服し、教育などの手段を通じて有害なジェンダー規範、固定観念、役割及び慣行に対処するための我々の努力を倍加させることにコミットし、多様性、人権及び尊厳が尊重され、促進され、守られ、あらゆる人々が性自認、性表現あるいは性的指向に関係なく、暴力や差別を受けることなく生き生きとした人生を享受することができる社会を実現する。[67]（傍線は筆者による）

この一文に書かれていることは、2022年のG7エルマウ・サミットの首脳コミュニケと大きく変わらないのだが、末尾の「社会を実現する」という文言は、例年よりも強い表現ぶりと言える。青山学院大学の谷口洋幸教授の「国際水準から見れば最低限の内容で、目新しさはないが、結果責任を伴う『実現する』という文言が使われたことは大きな進展だ」[68]との指摘の通りである。
ただ、首脳コミュニケに暴力や差別を受けることのない社会を実現するための具体的な方策についての言及はなく、日本政府が議長として取りまとめた首脳コミュニケをどのように履行していくのかは、未知数とも受け止められる内容であった。

6　最終盤のジェンダーバックラッシュ

●「女性の安全」を口実にした自民党案への圧力

自民党で修正がなされた案が成立するのかもしれない、多くの人びとがそのように思っていたところ、更に後退した案が日本維新の会（以下「維新」という）と、国民民主党（以下「国民」という）から出てきたのは意外といえば意外なことであった。

---

(67)「G7広島首脳コミュニケ」外務省ウェブサイト、30ページ　https://www.mofa.go.jp/mofaj/files/100507033.pdf
(68)「LGBTQが差別を受けない社会を『実現する』とG7首脳声明　識者は『大きな進展だが監視継続が必要』」東京新聞、2023年5月22日　https://www.tokyo-np.co.jp/article/251464

しかし、たしかに危ぶまれる伏線はあった。それは、20年前にジェンダーバックラッシュを主導したとされる、高橋史朗氏の5月17日のｎｏｔｅ記事に見ることができる。高橋氏はｎｏｔｅの中で、自民党が理解増進法の修正案を総務会等で了承したことに疑義を呈し、「玉木代表が指摘したように『G７に合わせる議論は雑』であり、今回の拙速審議・強行突破によって自民離れが加速することは避けられない。」と、なぜか国民民主党代表の玉木雄一郎氏の発言を引いて、自民党批判を展開していた。(69) そして、「『ジェンダーフリー』『過激な性教育・ジェンダーフリー教育』への強い懸念が一体なぜ継承されないのか?・」と述べた上で、「ＬＧＢＴ教育をめぐる学校と親の対立が深刻化し、大混乱が起きている米英と同様の分断・対立が我が国にも生じることは不可避といえる。」「ＬＧＢＴ問題に関する学術研究に基づく科学的知見・根拠を踏まえた『正しい理解』を増進するガイドラインを作成する必要がある。」と述べる。さらに、『ジェンダー平等』に関する本質的論議を踏まえたＬＧＢＴ問題の『正しい理解』を増進するガイドライン作成に向けた議論を自民党ができなければ、自民党からの大量離反を避けることはできないであろう。性規範・性道徳を真っ向から否定する『研修』や『相談』が全国に広がることは断固阻止しなければならない。」と「性規範・性道徳」なるものを振りかざしながら、自民党への圧力とも取れる記述を並べていた。

このｎｏｔｅの投稿があった5月17日の段階から、筆者は、与党にも、野党にも、「高橋史朗氏の方向性だけは相容れることができない。絶対にこのような方向性が入らないようお願いしたい」とこのｎｏｔｅを紹介し、警鐘を鳴らした。

そもそも、20年前に「ジェンダー」という言葉を使うと、男女別施設が混乱するなどと主張し、男女平等、ジェンダー平等を阻む言説を展開した高橋氏や八木秀次氏[70]が、「女性の安全」、あるいは不安や心配などといって、トランスジェンダーを攻撃する様は、奇異としか言いようがなかった[71]。

しかし、この高橋氏の主張は、維新、国民の案に結果として反映されることとなる。

まず大きな衝撃を受けたのは、「(国民民主党の幹部が)『シスジェンダー[72]の女性がトイレや浴場、

---

(69) 高橋史朗「科学的根拠に基づくＬＧＢＴの『正しい理解』を増進するガイドラインの作成を」ｎｏｔｅ、２０２３年5月17日　https://note.com/takahashi_shiro1/n/n57d39017fd46
なお、引用箇所の前段には「(国民民主党の玉木代表は)『16日に党で自民党案を検討。G7に合わせるのは議論が雑。多くの女性の不安や心配が解消される修正を求めたい』と発言したが、その通りであろう。」と記載されている。

(70) 八木氏は、２０１６年に野党の提出した「ＬＧＢＴ差別解消法」は「男女共同参画社会基本法」と同種の法案で危険だと、旧統一教会系の媒体で警鐘を鳴らしていた。皮肉にもこんにち振り返れば、女性差別と性的マイノリティ差別の共通する基盤を浮き彫りにするものである。八木秀次「『ＬＧＢＴ差別解消法案』の問題点――婚姻・家族制度の崩壊促し、思想・信条の自由侵害の危険性」平和政策研究所ウェブサイト、２０１６年。https://ippjapan.org/pdf/IPPReport007_HYagi_fin.pdf

(71) 例えば次の記事は、ジェンダー平等とトランスジェンダーの両方を槍玉にあげている。高橋史朗「ＬＧＢＴ理解増進法と『性・ジェンダー革命』」モラロジー道徳教育財団ウェブサイト、２０２３年。https://www.moralogy.jp/salon230421-01/

(72) 出生時に割り当てられた性別に違和感がなく性自認と一致し、それに沿って生きる人のこと。

更衣室で不快な思いをすると問題だ』と述べ、社会の多数を占めるシスジェンダーに配慮すべきだとの考えを示した」との報道だった。(73)そもそも、マイノリティは、不平等な社会であればあるほど、多数派にフィットした社会構造の中で配慮が求められる。にもかかわらず、これ以上多数派に配慮しろというのは、全く納得のいかない理屈であった。

また、理解増進法は、国の体制整備以外にはもっぱら「努力義務」を求める内容であった。そして、その規定ぶりは、マイノリティに対する取り組みを求めるものではなく、全ての人に関わる性的指向やジェンダーアイデンティティのありようを理解するとの趣旨であった。そこへ、シスジェンダーというマジョリティにのみ「努力義務」よりも法的効果の強い「配慮規定」の効力を及ぼすというのは、どのように考えても道理が通らないものであるとしか言いようがなかった。

5月23日の記者会見の模様　トランスジェンダー当事者やW7福田和子共同代表らと（一番手前が筆者）

こうした報道を受け、ＬＧＢＴ法連合会は５月23日の記者会見において「断固として容認できない」と抗議を行った。並行して国民民主党にもアポイントメントを取り、説明を行い、担当議員と一定の認識の共有を得たように感じていた。

すると、５月25日の昼に、筆者も招かれた連合の緊急院内集会において、玉木代表は批判を踏まえ、多数派配慮というのはそぐわないのでやめるという旨の発言を行った。そして、連合と連携し、取り組みを進めると表明した。連合は、性的指向・性自認に関する差別を禁止する法律の早期制定をこの集会でも訴えていた。(74)

●維新・国民による「全ての国民安心」条項

しかし、その数時間後、日本維新の会と国民民主党は、当事者らの批判を踏まえて与党案の性同一性をジェンダーアイデンティティというカタカナにする一方で、多数派配慮こそ盛り込まなかったものの、「この法律に定める措置の実施等に当たっては、性的指向又はジェンダーアイデンティティにかかわらず、全ての国民が安心して生活することができることとなるよう、留意するものとする。」と規定した第十二条の新設と、教育関係の条項に「保護者の理解と協力を得て

(73)「ＬＧＢＴ法、独自案協議　シスジェンダーに配慮――維・国」時事通信、２０２３年５月19日　https://www.jiji.com/jc/article?k=2023051900853&g=pol

(74) https://www.jtuc-rengo.or.jp/news/news_detail.php?id=1986

行う心身の発達に応じた教育又は啓発」との文言を差し込んだ、修正案を衆議院に提出した。[75]
そもそも多数派配慮の議論が、首相秘書官発言のあたりから急激に加熱した、トランスジェンダーバッシングを背景に持つことは、前述の国民民主党幹部の発言からも明らかであった。
トランスジェンダーバッシングに対しては、前述の通り総理に述べた他、2月の段階から各方面に注意喚起を繰り返していた。3月にも、トランスジェンダーの当事者や、弁護士の立石結夏氏らとともに、記者会見を行ってきた。[76] しかし、その声は届いていなかったのだ。
他方、教育関係の規定については、なぜこれが差し込まれたのか、当初はよく背景がわからなかった。両党の関係者に聞くと「アメリカで保護者が混乱している」「アメリカで保護者の対立や反発を招いている」などの理由が聞かれた。調べてみると、アメリカで、反ワクチン運動を発祥としながら、要求していたマスクを外す自由が状況の変化から認められるようになると、今度は人種や性の多様性に関する教育などにバッシングの矛先を向けている運動があるとの記事に突き当たった。記事によれば、この運動は一部で過激化し、教育委員に対して「小児性愛者だ」と根拠のない中傷を浴びせているなどと取り沙汰されていた。教育委員会の全国組織は、バイデン大統領に対し、「脅迫や暴力が増加し、テロや憎悪犯罪（ヘイトクライム）と同等の凶悪さになっている」と書簡で訴えるまでに至っているという。[77]
このような動きを「反発」と呼び、法律の条文に反映させるというのは、極めて異例のことに思えた。

しかし、振り返ってみれば、この点は、女性の不安、心配といった事柄とともに、前述の高橋氏が並べていたことであった。前述のｎｏｔｅには「ＬＧＢＴ教育をめぐる学校と親の対立が深刻化し、大混乱が起きている米英と同様の分断・対立が我が国にも生じることは不可避といえる。」との記述があったのである。

7　異例ずくめの法案成立

●衆議院における突然の修正、審議、採決

筆者らは、与党をはじめとする各方面に、この維新・国民案を反映することのないよう、再三

(75) なお、この条文についてＬＧＢＴ法連合会の林夏生代表理事は記者会見で「正直、一人の当事者としてこの文言を見たときに、ＬＧＢＴとされる人々に対して理解を進めるということが、そんなにも誰かの安全を脅かすことなのか。私達の存在ってそのようなものとして社会に認識されているのかと思うと本当に辛くなります」と表明している。『〝当事者が不幸に〟ＬＧＢＴ法案可決めぐり当事者が訴え『全国民の安心に留意』との修正に異論』ＴＢＳ、２０２３年６月９日。https://newsdig.tbs.co.jp/articles/-/536196?display=1

(76) 「ＬＧＢＴの当事者団体『ＳＮＳなどで実態と異なる言説 冷静な議論を』」ＮＨＫ政治マガジン、２０２３年３月16日　https://www.nhk.or.jp/politics/articles/lastweek/97013.html

(77) 「急増する『保守系ママ』会員10万人超、教委で存在感」毎日新聞、２０２２年９月14日朝刊　https://mainichi.jp/articles/20220914/ddm/012/030/130000c

	超党派合意案 （立憲・社民・共産）	与党修正案 （自民・公明）	維新国民独自案 （維新・国民）	自公維国再修正案 （自民・公明・維新・国民）
定義	性自認	~~性自認~~ 性同一性 ⚠	~~性自認~~ ジェンダーアイデンティティ	~~性自認~~ ジェンダーアイデンティティ
基本理念	差別は許されない	~~差別は許されない~~ 不当な差別はあってはならない ⚠	~~差別は許されない~~ 不当な差別はあってはならない ⚠	~~差別は許されない~~ 不当な差別はあってはならない ⚠
調査研究	調査研究を推進	~~調査研究を推進~~ 学術研究を推進 ⊗	~~調査研究を推進~~ 学術研究を推進 ⊗	~~調査研究を推進~~ 学術研究を推進 ⊗
教育	学校設置者の努力	~~学校設置者の努力~~ 項目名を削除し、内容を「事業者等の努力」に移動 ⚠	~~学校設置者の努力~~ 項目名を削除し、内容を「事業者等の努力」に移動 ⚠ 「保護者の理解と協力を得て行う心身の発達に応じた教育」を追加 ⊗	~~学校設置者の努力~~ 項目名を削除し、内容を「事業者等の努力」に移動 ⚠ ~~「保護者の理解と協力を得て行う心身の発達に応じた~~教育」を追加 ⊗ 「家庭及び地域住民その他の関係者の協力を得つつ教育」を追加 ⊗
民間支援	民間の団体等の自発的な活動の促進	民間の団体等の自発的な活動の促進	~~民間の団体等の自発的な活動の促進~~ （削除） ⊗	~~民間の団体等の自発的な活動の促進~~ （削除） ⊗
留意			「すべての国民が安心して生活することができるよう留意する」を新設 ⊗	すべての国民が安心して生活することができるよう留意する」 ⊗ 「この場合において、政府は、その運用に必要な指針を策定する」を新設 🔥 ※指針は行政、学校、企業などすべての施策に影響する

LGBT理解増進法案をめぐる４つの案について、主な修正点を比較した図
（作成：松岡宗嗣）

＊⚠＜⊗＜🔥の順で法案の後退の度合いを評価しているようである。（筆者）

再四の働きかけを行っていた。当初は、維新・国民案が成立することはありえない、という見方を維新・国民以外の与野党各党はとっていた。

こうした見立てもあってか、全政党が衆議院における審議入りで一致し、衆議院内閣委員会での審議が6月9日にセットされた。

この間、日本会議などの右派は、与党と維新、国民に働きかけ、法案を成立させないよう働きかけを行っていたようである。筆者が見た日本会議のメルマガでは、各政党のキーパーソンの名前や電話番号が明記され、各方面に働きかけが指示されていた。

そこで、異例中の異例の事態が起こった。報道によれば、岸田首相が法案に対して「幅広い支持を集めてほしい」という指示を萩生田光一政調会長に出したことによって、萩生田氏や、性的マイノリティ特命委員会幹事長の新藤義孝衆議院議員らによって、審議前日の8日の夜から、日本維新の会との修正協議がなされた。[78] 協議は日付をまたいで9日の午前1時まで続いたという。

この協議の結果、与党案の「性同一性」は「ジェンダーアイデンティティ」となり、六条と十条の学校設置者の条項に、維新・国民案から文言を修正した「家庭及び地域住民その他の関係者の協力を得つつ」が追加された。さらに、維新・国民案にあった「すべての国民が安心して生活

(78)「焦る首相、妥協したLGBT法案修正　G7声明、党内保守派へ配慮」朝日新聞、2023年6月9日　https://www.asahi.com/articles/ASR696X21R69UTFK01B.html?fbclid=IwAR1rPaJMrEEcUtYVs_jIGwy9DTVG_AHSWw14JOJwYvztxN3B7CEjBOj_Njw

することができるよう留意する」に、「この場合において、政府は、その運用に必要な指針を策定する」の文言を加えて修正することが合意された。[79]

その後が更に急転直下であった。

よく、「国会議員の質問が遅いから、官僚が深夜まで残業しなければならない」という話題を耳にすることがある。これは、国会議員側も質問を練り上げるのに時間を要する（国会質問をすることが決まるのも直前の場合があるようだ）とともに、官僚側も、国会議員の質問通告を受けて、政府関係者の答弁を作成するために、論理や根拠を精査すべく、深夜までその作業をすることから生じる問題である。しかし、この法案の審議では、質問を練り上げるも何もまったくない状況となった。9日の内閣委員会の質問に立った立憲民主党の西村智奈美衆議院議員が次のように述べている。

> まず冒頭、この委員会の運び、極めて異例だということは申し上げなければなりません。修正案が出てきたのが今朝、私も今、手元にありましたのをたった今見ました。これで質問させていただくということになるわけですけれども、本来であれば、もっとしっかり中身を議論して、その上で採決にかけるべきだというふうに強く思います。これが前例になってはいかぬというふうに思います。強く申し上げておきます。[80]

この事態には、野党や質問者だけでなく、与党側の答弁者も含めて、さまざまな思いがよぎるところであったのではないかと推察される。

ＬＧＢＴ法連合会では審議当日、何人かのメンバーで傍聴行動を行ったが、審議の内容は、残念ながら聴くこと自体がつらいと訴えざるを得ない内容であった。トランスジェンダーのトイレや浴室の利用への懸念にばかり質問が集中し、当事者の困難の実態にはほとんど触れられなかったのである。今この文章を書くために議事録を見返していても、当事者がないがしろにされた審議だったという想いを禁じ得ない。

しかし、法案はそのまま採決され、賛成多数で可決した。附帯決議をつけるという動きもあったが、(81) 一項目も許されることなく、附帯決議なしでの可決となった。法案は翌日、衆議院本会議でも可決された。

●フェミニスト声明

衆議院の審議から、舞台は参議院へと移り、６月15日が参議院内閣委員会であると聞かれた。その参議院での審議が見込まれた前日、「ＬＧＢＴＱ＋への差別・憎悪に抗議するフェミニス

(79) 当時、法学者の三成美保氏はいち早く修正案の問題点を指摘した。次を参照のこと。三成美保「ＬＧＢＴ理解増進法案の問題点」Women's Action Network ウェブサイト、２０２３年。https://wan.or.jp/article/show/10665#gsc.tab=0

(80) 第２１１回国会衆議院内閣委員会第19号

(81) 「ＬＧＢＴ法案、９日に衆院内閣委採決　立憲が付帯決議案、焦点に」毎日新聞、２０２３年６月７日　https://mainichi.jp/articles/20230607/k00/00m/010/257000c

トからの緊急声明」が出された。呼び掛け人は浅倉むつ子氏、上野千鶴子氏、三成美保氏などの連名であった。次に一部抜粋することとしたい。

事実誤認や偏見が広がることで、モラルパニックが起き、その結果、トランスジェンダーへの憎悪がますます強まっていることを懸念します。

女性の安全がトランスジェンダーの権利擁護によって脅かされるかのような言説は、トランスジェンダーの生命や健康にとって極めて危険なものになりかねません。実際にトランスジェンダー当事者への殺害予告が寄せられる事態にまで発展しています。また、性別違和を抱える子どもたちに居場所を提供する活動に困難が生じています。

わたしたちはフェミニストとして、女性の不安を煽る言説が拡散している状況を深く憂慮し、フェミニストのあいだでもそのような動きがあることを懸念します。女性の安全と権利を求めてきたフェミニズムは、シス女性だけの安全を求めるものではありません。言うまでもなく、トイレや公衆浴場はだれにとっても安全であるべきです。女性の安全が十分に守られていない現状が問題であり、性暴力被害者への支援や性暴力を防ぐための法整備が強く求められます。(82)

●参議院における審議、採決

衆議院での法案の可決、そこにおける審議ぶりなどに、フェミニスト声明をはじめとする懸念の声が高まりを見せる中、参議院の審議では与野党から懸念払拭の動きが見られた。

例えば、参議院において、公明党は問題点として懸念が指摘される条項を中心に、法案提出者の立場であることを活かし、本書後半に示すように、懸念を払拭する法解釈を答弁で示した。[83]

また、いくつかの政党は、当事者の参考人を招致する動きを見せた。筆者は、共産党の田村智子参議院議員からの打診を受け、参考人として、国会の委員会室に立つこととなった。

当日筆者は、衆議院の審議状況に鑑みて、法案に対する批判や懸念を表明するよりも、当事者が差別により被る困難の構造を事例を通じて明らかにすることや、それを裏打ちする統計調査の結果、あるいは国内外で取りまとめられた見解などを紹介することに軸足を置いた。[84] 歴史の中に、すなわち国会の議事録に、当事者の困難を刻むことを優先した。同じく参考人となった松岡宗嗣

(82) 浅倉むつ子、荒木菜穂、池田啓子、伊田久美子、井田奈穂、上野千鶴子、長志珠絵、太田啓子、大森順子、岡野八代、河野和代、北仲千里、清末愛砂、杉田真衣、内藤忍、中谷文美、中野麻美、東優子、福田和子、古久保さくら、三浦まり、三成美保「ＬＧＢＴＱ＋への差別・憎悪に抗議するフェミニストからの緊急声明」Women's Action Network ウェブサイト、２０２３年６月14日　https://wan.or.jp/article/show/10674

(83) 詳細は本稿第Ⅱ部のＱ＆Ａ、もしくは次の論文から確認することができる。「[特集] 自治体のＬＧＢＴ・ＳＯＧＩ施策の今後」『自治実務セミナー』第一法規、２０２３年９月号、２－23ページ。

(84) 詳しくはインターネット上の動画や議事録で見ることができる。例えば動画は次を参照のこと。https://www.webtv.sangiin.go.jp/webtv/detail.php?sid=7547

氏や細田ともや氏も同様の構えであったように思う。

のちに筆者を含むこの3名の発言は、一部与党にも届いたとの声を聞いた。ある与党議員が、涙を流して課題を受け止めてくださったと、複数の議員から耳にした。また、審議動画を見返すと、発言中は気づく余裕もなかったが、隣に座った小倉將信共生社会担当大臣が、大変に熱心に聞いてくださる様子が見られた。当日の委員会室からの帰り際、小倉大臣が声をかけてくださったことが思い出された。

法案は参議院内閣委員会で賛成多数により可決、翌日の本会議でも可決した。

8　これからに向けて

LGBT法連合会は、法律の可決に際して、次のような声明を発出した。歴史的な節目における声明として、全文掲載することとしたい。

2023年6月19日

性的指向及びジェンダーアイデンティティの多様性に関する

国民の理解の増進に関する法律案の成立についての声明

一般社団法人 性的指向および性自認等により困難を抱えている当事者等に対する法整備のための全国連合会（略称：LGBT法連合会）理事一同

２０２３年６月16日、参議院本会議において、「性的指向及びジェンダーアイデンティティの多様性に関する国民の理解の増進に関する法律案」が成立した。本法は、極めて異例の審議・修正の過程をたどり、短期間で法の内容が後退するものとなった。日本で初めて性的指向及びジェンダーアイデンティティについて位置づけた法律として、歴史的な意味を持つべき法律であるにもかかわらず、私たちが求めてきた差別禁止法とは大きく異なり、懸念を表明しなければならないものであることは極めて残念である。長年の運動の結果が、このような法律の制定であることは受け入れ難く、厳しい姿勢で臨まなければならない。また、今後、この法律については、取り組みの後退が懸念される部分、前進に活かし得る可能性のある部分の双方について、対応を早急に検討しなければならないであろう。

この法律は、「全ての国民が、その性的指向又はジェンダーアイデンティティにかかわらず、等しく基本的人権を享有するかけがえのない個人として尊重されるものであるとの理念にのっとり、性的指向及びジェンダーアイデンティティを理由とする不当な差別はあってはならないものであるとの認識の下」理解増進の施策を進めるとの基本理念を掲げている。この理念に則り、国の基本計画の策定、省庁連絡会議の設置、学術研究の推進、毎年の白書の発行などが政府に義務付けられている。また、国、地方公共団体、事業主、学校は、基本理念に則った施策の実施に努めるものとされており、啓発や相談体制の整備その他の必要な措置を努力義務として課している。ただし理念法でありながら、「全ての国民が安心して生活することができることとなるよう、留意するものとする」と、性的マイノリティ当事者の尊厳を踏み躙るかのような条文を設け、政府が具体的な指針を策定するものと規定している。

理解増進の名を冠しながらも、啓発等は努力義務に留まっており、国の体制整備を義務付ける法律と捉えるべきものである。ただ、国会答弁によれば、すべての施策は「全ての国民が安心して生活することができることとなるよう、留意するものとする」こととなる。更に、指針が策定されることにより、現在、もしくは今後の地方自治体や教育現場の取り組みに対し、実質的な萎縮効果をもたらすことが懸念される。一部の勢力によって、さまざまな取り組みが「安心できないもの」であるとされ、停滞させられることのないよう、今後の基本計画や指針の策定経過はもとより、地方自治体や教育現場への、学術的に裏打ちされ、統計的な根拠を持った働きかけを強めなくてはならない。

本法律が日本で初めて性的指向及びジェンダーアイデンティティ（性自認）について位置づけた法律であるにもかかわらず、このような内容となったことに憤りを禁じ得ない。法律制定までの審議過程も含め、これが当然に導き出される経緯や法の内容ではないことは、強調しておきたい。当事者は、法律の制定に至る過程の中で、多くの傷つきと途方もない苦しみを味わうこととなったが、これを当然とせず、このような過程自体が社会的に問われるべきものであり、真摯に省みられるべきであることを指摘する。

今後、この法律が性的指向や性自認に関する取り組みを阻害する動きに使われることなく、真に基本理念に則った取り組みが進むよう、また差別を禁止する法制度が確立されるよう、歩みを止めることなく、多くの人々とともに連帯して運動を続けていく。

以上[85]

多くの人びとに後押しを受け、当事者の困難の解決が待ったなしである中、手放しでは喜ぶことはできないが、法律が制定された。急転直下の展開で、最終盤のバックラッシュを背景とした

(85) https://lgbtetc.jp/news/2878/

言説が法律本文に反映されたことには、多くの当事者がなんとも言えない気持ちを共有したと思う。ただ、法案成立後、G7ジェンダー平等大臣共同声明（2023年6月25日）では、次のようなことが盛り込まれたことは、希望の灯火とも言えるものだった。

我々は、ジェンダー平等に対する組織的なバックラッシュと、あらゆる多様性を持つ女性と女児、そしてLGBTQIA+の人々の権利の後退に対する懸念を繰り返し表明する。固定観念や偏見に対処・排除し、ジェンダーに基づく暴力を存続させる社会の態度や行動を積極的に変えていくことによって、バックラッシュや後退と戦うことへのコミットメントを表明する。

（中略）

女性やLGBTQIA+の活動家、政治家、人権擁護者、フェミニストや女性の権利のための主体や組織に対する攻撃の増加は、民主主義のプロセスに悪影響を与え、制度の正統性を損なう。

（中略）

我々は、全ての女性、女児、LGBTQIA+の人々の人権と尊厳が完全に尊重され、促進され、保護される社会の実現に向けた努力を継続する。我々は、ジェンダー平等に対するバックラッシュと戦うことにコミットする。(86)

これから、法に基づき、基本計画と指針の策定が始まる。当事者は、否が応でもこの法律と向き合うことを余儀なくされる。この法律をどのように活用していけるかを検討することから逃れることはできない。国会審議を具体的に検討し、今後の運動に法律を活かす方途を導くべく、後半に筆を進めていくこととする。

(86)「ジェンダー平等と全ての女性と女児のエンパワーメントに関するG7ジェンダー平等大臣共同声明」内閣府男女共同参画局ウェブサイト　https://www.gender.go.jp/international/int_kaigi/int_g7g8/pdf/g7_202306_02.pdf

第Ⅱ部
「LGBT理解増進法」はどういう法律か

この法律によって全国で研修など理解増進のための取り組みが実施されるのですか？

A1

機運は高まりますが、必ずしも全国一律に研修などの取り組みが実施されるわけではありません。

この法律は理解の増進のための施策を定めたもので、国、地方公共団体、事業主（企業など）、学校の取り組みを定めています。しかし、地方公共団体、事業主（企業など）、学校の取り組みは「努力義務」にとどまり、「義務」づけてはいません。もちろん「努力義務」であっても何も実施しなくていいわけではなく、「努力」する必要はあります。これに反する対応がく繰り返されれば問題につながる可能性も考えられます（特に学校など）。ただ、この法律をもって実効性の高さが担保されているとは言い難い規定ぶりです。(1)

該当する条文は次の通りです。

第十条　国及び地方公共団体は、前条の研究の進捗状況を踏まえつつ、学校、地域、家庭、職域その他の様々な場を通じて、国民が、性的指向及びジェンダーアイデンティティの多様性に関する理解を深めることができるよう、心身の発達に応じた教育及び学習の振興並びに広報活動等を通じた性的指向及びジェンダーアイデンティティの多様性に関する知識の着実な普及、各般の問題に対応するための相談体制の整備その他の必要な施策を講ずるよう努めるものとする。

2　事業主は、その雇用する労働者に対し、性的指向及びジェンダーアイデンティティの多様性に関する理解を深めるための情報の提供、研修の実施、普及啓発、就業環境に関する相談体制の整備その他の必要な措置を講ずるよう努めるものとする。

3　学校の設置者及びその設置する学校は、当該学校の児童等に対し、性的指向及びジェンダーアイデンティティの多様性に関する理解を深めるため、家庭及び地域住民その他の関係者の協力を得つつ、教育又は啓発、教育環境に関する相談体制の整備その他の必要な措置を講ずるよう努めるものとする。

条文にあるように、各主体に「啓発」や「教育」「研修」などを求めています。また、環境整備に関する取り組みとして相談体制の整備をはじめとする措置を求めています。この時、「相談体制の整備」だけでなく、環境整備に関する「その他の措置」も求めているところがポイントです。国会審議でも、啓発や教育・研修、相談体制の整備などはあくまで例示であることが、法案提

(1) 国に対しては、基本計画の策定、毎年の施策の実施状況の公表＝白書の刊行、学術研究の推進、中央省庁の職員によって構成される連絡会議の設置が義務付けられている。

出者から繰り返し強調されています。

環境整備には、相談体制を整備さえすれば事足りるわけではなく、幅広い取り組みが必要になります。例えば東京都議会では、性的指向・性自認に関する条例を制定する際に、差別を禁止する規定も、理解を増進するために設けたと都は答弁しています。(2)

今後関係省庁から、どのような措置が理解を増進する措置に該当するのか、例などが示されることも考えられます。(3) ただ、それを待たずとも、第三条の規定から考えることは可能です。

第三条　性的指向及びジェンダーアイデンティティの多様性に関する国民の理解の増進に関する施策は、全ての国民が、その性的指向又はジェンダーアイデンティティにかかわらず、等しく基本的人権を享有するかけがえのない個人として尊重されるものであるとの理念にのっとり、性的指向及びジェンダーアイデンティティを理由とする不当な差別はあってはならないものであるとの認識の下に、相互に人格と個性を尊重し合いながら共生する社会の実現に資することを旨として

---

(2) 東京都議会「総務委員会速記録第十号」２０１８年　https://www.gikai.metro.tokyo.lg.jp/record/general-affairs/2018-10.html

(3) これまでも一定の取り組みが各省庁から示されている。例えば文部科学省は、この法律の施行時に、これまでの施策を取りまとめて紹介し、「引き続き適切に対応していただくようお願いします」とする通知を出している。次を参照のこと。文部科学省「『性的指向及びジェンダーアイデンティティの多様性に関する国民の理解の増進に関する法律』の公布について（通知）」（５文科教第５９２号　令和５年６月23日）、２０２３年。https://www8.cao.go.jp/rikaizoshin/meeting/k_1/pdf/ref2.pdf

行われなければならない。

このように規定されていることを踏まえれば、「全ての国民が、その性的指向又はジェンダーアイデンティティにかかわらず、等しく基本的人権を享有するかけがえのない個人として尊重されるものであるとの理念」の下、「相互に人格と個性を尊重し合いながら共生する社会の実現に資する」環境整備のための取り組みは、広くこの法律の「その他の措置」に該当すると解釈できるでしょう。

性的指向やジェンダーアイデンティティを自分の意思で変えたり、選択することは可能なのですか？

性的指向やジェンダーアイデンティティを自分の意思で変えたり、選択することはできません。

「性的指向」や「性自認（ジェンダーアイデンティティ）」は、自らの意思で選択したり、変えたりすることはできません。これは、医学的、科学的に確立された認識です。

残念ながらこの点は法制化の過程でも、広く誤った認識が流布しており、未だ講演や研修などでもこの点に触れると「新たな発見」だと受け止められることがあります。

公明党の國重徹衆議院議員が、2023年2月10日の衆議院内閣委員会で「現在、我が国の精神医学に関わる大部分の専門家団体また心理学の主たる見解では、性的指向は自らの意思にかかわらず決定される個人の性質であると言え、性別、人種などと同様のもの、また人の意思によって選択、変更できないものとされております。これについて政府も同様の見解かどうか、お伺いします。」と質問したのに対し、政府は「性的指向や性自認は本人の意思で選んだり変えたりすることができるものではなく、その意味で、性別や人種などと同様のものであると認識しております。」と答弁しています。(4)

こうしたことから、この法律はもとより、既に存在する国の指針や方針、あるいは地方自治体の条例などにおいて、「性的指向」や「性自認(ジェンダーアイデンティティ)」を自らの認識で変更可能であるかのように捉える解釈は、明確に誤っていると言えます。「性的指向」や「性自認(ジェンダーアイデンティティ)」は自らの意思で変更可能との解釈の下に定めている法規は、私の知りうる限り日本国内で存在していません。(5)

自らの意思で変更不可能な事柄について、人権を侵害されることには、いっそう厳しく差別性が問われるのは言うまでもありません。

一方で、この法律は、「LGBT理解増進法」と略されますが、より厳密に言えば「SOGI(性的指向・ジェンダーアイデンティティ）理解増進法」と略されるべきタイトル、条文になっています。この法律の目的条項である第一条に「性的指向及びジェンダーアイデンティティの多様性に関する国民の理解の増進に関する施策の推進に関し、（中略）必要な事項を定める」と規定されていることからもそれは明らかです。

その意味で、性的指向や性自認（ジェンダーアイデンティティ）が自分の意思では選択できず、変えることもできないという事実は、この法律に基づく施策を講ずる際に、最初に理解を増進すべき最も基本的な事柄と言えるでしょう。

(4) 国会会議録：第２１１回国会衆議院内閣委員会第２号（令和５年２月10日） https://kokkai.ndl.go.jp/txt/121104889X00220230210/49

(5) むしろ、法務省は２０１８年に、同性愛が「人格又は自己同一性に密接に関わり、変更することが困難な特性を有し」ていることを理由の一つとして、難民認定している例が挙げられる。次のＵＲＬの５－６ページを参照のこと。 https://www.moj.go.jp/isa/content/930004130.pdf?fbclid=IwAR06khaEAOk_Am69WNcIKIPj97qNIliaeaWY5rRwBRZodobTU2eSoFzffnI

「ジェンダーアイデンティティ」などの用語の使い方は、この法律に合わせないといけないのですか？

A3

この法律は、用語の使い方を制約するものではありません。政府は国会答弁で用語変更を求めないと解される答弁をしており、必ずしも揃える必要はありません。

国会審議において、法案提出者はこの法律が自治体の取り組みなどを制約するものではないと明言しています。[6] もちろん、条文自体にも、自治体の用語の使い方を縛るような規定はなされていません。

もともとジェンダーアイデンティティについては、訳語として「性自認」「性同一性」が併存し、英語の「gender identity」も含めて、文章の性質などを踏まえて使われてきています。そのため、どの言葉を使っても意味は変わらず、同一であると言え、法案提出者もいずれの言葉でも法制的な意味は同じであると答弁しています。

加えて、小倉将信大臣は「用語の意味はそれぞれ用いられている文書等に応じて定まってくるものと考えられますが、一般的には性自認、性同一性という言葉いずれも英語のジェンダーアイデンティティの訳語として用いられているものと、こう理解しております」と答弁しています。(7)この点について行政法学者の鈴木秀洋氏は、「自治体等に施策・用語変更を求めないことを明言した答弁として重要」としています。(8)

他方で「性自認」という言葉を使うと、自己認識に過ぎず、自分で変えることができるかのように誤ったニュアンスで伝わるため、「性同一性」を使うべきとの言説を見ることがあります。

筆者は、このような主張は、どちらかといえばトランスジェンダーをバッシングするような方向から聞こえるように思いますが、(9)Ｑ２でも解説した通り、ジェンダーアイデンティティが自分の意思や選択では変えられないというのは、この法律に基づく理解の一丁目一番地なので、ど

(6) 一方で、法律の趣旨に反する取り組み、例えば法の下の平等や人格権を損なうような条例制定などが許されるわけではない、ということが法制定でより明確になったという意味において、権利保障の後退の動きには一定の制約ができたと解される。

(7) 国会会議録：第２１１回国会参議院内閣委員会第19号（令和５年６月15日） https://kokkai.ndl.go.jp/#/detail?minId=121114889X01920230615

(8) 鈴木秀洋「理解増進法の制定を受け自治体はどう対応すべきか」『自治実務セミナー』２０２３年9月号、第一法規、18ページ

(9) 第Ⅰ部でも紹介した通り、性自認という用語が認められないとなれば、次に性同一性障害以外のトランスジェンダーは認めない、となり、その次は性同一性障害特例法上の手術要件を満たしたトランスジェンダーしか認めない、さらにその次は性同一性障害も含めたトランスジェンダーは「認めない」（ないし存在しない）などという事態につながりかねないと危惧していた。実際、それぞれを主張する声は聞かれる。

(10) 第Ⅰ部で指摘したように、鈴木秀洋氏も行政において「性同一性」という訳語を使った場合の問題点について指摘している。「ＬＧＢＴ法案、目的はどこへ？　行政法学者が見た問題点」朝日新聞、２０２３年6月9日。https://www.asahi.com/articles/ASR685VWWR5YUTFL011.html

(11) 精神科医の針間克己氏は、性同一性は「gender identity」の訳語であり、性の自己認識などとほぼ同じ意味であるため、生物学性と心理・社会的性が一致する時「性同一性」があるという理解は誤りであると指摘している。そしてこれは、「性同一性の『同一』を『生物学的性と心理・社会的性とが同一』との意味に誤解しているから生じているのだと思われます。identityの同一性とはこのような意味ではなく、自己の単一性、不変性、連続性において、同一なのです」と述べている。詳しくは次を参照のこと。針間克己「性同一性って何ですか?」『性同一性障害って何?』野宮亜紀・針間克己・大島俊之・原科孝雄・虎井まさ衛・内島豊著、緑風出版、２００３年（２００８年増補改訂版）、19-20ページ。

(12) ＬＧＢＴ法連合会顧問の原ミナ汰氏の見解は次を参照のこと。神谷悠一『差別は思いやりでは解決しない――ジェンダーやＬＧＢＴＱから考える』集英社新書、２０２２年、１９８ページ。

のような言葉を使おうとも、この点の理解を飛ばすことはあり得ず、ここから理解を始めるべきであると重ねて指摘したいと思います。

　また、法律制定の議論の最中において、法制的には正しくはないのですが、行政などの現場においては、「性同一性」が「性同一性障害」と混同して認識されてしまう恐れがあるなど問題があるとの声を、筆者は行政関係者から多数耳にしていたことも、指摘する必要があるでしょう[10]。

　こんにちに至るまで、最高裁をはじめ、国の指針や自治体の条例、学術分野において広く「性自認」の語が使われています。その背景には、過去に「性同一性」という言葉を用いることで、「ジェンダーアイデンティティ」という概念について「心と身体が一致しているか否か」という安易な理解を招いていた[11]との専門家の指摘があります。ここから、一方的な誤解を押し付けられることに対し、あえてジェンダーに関する自己認識を表明する必要が生じ、「性自認」という訳語を広く用いてきたという歴史的経緯も聞かれます。[12]

この法律は、ジェンダーアイデンティティという概念の多様性を理解する法律なのですから、概念の理解から間違わないようにしたいところです。

この法律は、男女別施設（公衆浴場やトイレ）などの利用ルールを変えるものですか？

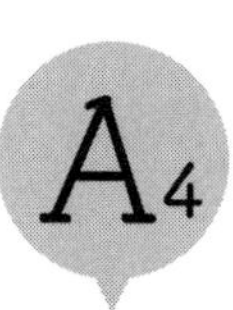

この法律は男女別施設の利用ルールなどを変えるものではありません。

これは法案提出者から重ねて答弁されているところですが、この法律は男女別施設のルールを変えるものではありません。

この法律の条文のどこを見ても、施設利用について、何らかの義務を課すような条項は見当たりません。

そもそも地方自治体、事業主、学校には、何一つ義務規定を課していないのですから、施設の利用ルールをこの法律が直律的に縛るといったことが導き出せるはずがありません。

なお、公衆浴場については、厚生労働省からこの法律の施行時に「公衆浴場や旅館業の施設の共同浴室における男女の取扱いについて」（薬生衛発0623第1号 令和5年6月23日）が出されていることからも明らかであると言えます[13]。

男女別施設の利用は、施設の性質によっても異なるものですが、大きくは施設の性質や実態を踏まえながら、人権を尊重した環境調整が求められる方向に社会は進んでいます（この後のコラムもご参照ください）。

(13) ただ、この通知の「心の性」などの文言の使い方は違和感があるところである。

経済産業省の施設利用における最高裁判決の注目点

経済産業省の一部、女性用トイレの利用制限に関する最高裁判決について、さまざまな取り上げられ方がされていますが、判決の中で筆者が特に重要と考えるのは以下の点です。

【問題となった経緯】

○経済産業省は、性同一性障害と診断されていた原告に2階以上離れた階のトイレの利用を認めていた（トラブルなし）。

○原告は、「2階以上離れた階の」トイレ利用のみ認めるとした運用の改善を含め女性職員と同等の待遇を、法に基づき人事院に対し行政措置を要求したが、認められないと判定された。

【判決】

「具体的な事情を踏まえることなく他の職員に対する配慮を過度に重視し、上告人の不利益を不当に軽視するものであって、関係者の公平並びに上告人を含む職員の能率の発揮及び増進の見地から判断しなかったものとして、著しく妥当性を欠いたものといわざるを得ない。」

【〈補足意見〉 各裁判官個人の見解】

○「個人がその真に自認する性別に即した社会生活を送ることができることは重要な法益」

○（周囲の当事者への）「違和感・羞恥心等」は「研修により、相当程度払拭できると考えられる」

○「（措置を）必要に応じて見直しをすべき責務があったというべきである」

○「女性職員らの利益を軽視することはできないものの、上告人にとっては人として生きていく上で不可欠ともいうべき重要な法益であり、また、性的マイノリティに対する誤解や偏見がいまだ払拭することができない現状の下では、両者間の利益衡量・利害調整を、感覚的・抽象的に行うことが許されるべきではなく、客観的かつ具体的な利益較量・利害調整が必要であると考えられる。」

○「施設管理者等が、女性職員らが一様に性的不安を持ち、そのためトランスジェンダー（MtF）の女性トイレの利用に反対するという前提に立つことなく、可能な限り両者の共棲を目指して、職員に対しても性的マイノリティの法益の尊重に理解を求める方向での対応と教育等を通じたそのプロセスを履践していくことを強く期待したい。」

○「原判決が、こういった女性職員らの多様な反応があり得ることを考慮することなく、『性的羞恥心や性的不安などの性的利益』という感覚的かつ抽象的な懸念を根拠に本件処遇および本件判定部分が合理的であると判断したとすると、多様な考え方の女性が存在することを看過することに繋がりかねないものと懸念する。」

○「プライバシーの保護と関係者への情報提供の必要性と慎重な較量が求められ（る）」
○「本判決は、トイレを含め、不特定又は多数の人々の使用が想定されている公共施設の使用の在り方について触れるものではない。この問題は、機会を改めて議論されるべきである。」*

重要な示唆がたくさん示されており、ぜひ多くの人に判例についても読んでもらいたいと考えるところです。ただ、いずれにせよ、申し出があった際には、当事者の不利益を不当に軽視せず、具体的事情を踏まえて判断すべきである、その判断は時間の経過とともに調査し、見直すことも検討すべきであるという点は、この件以外の多くの課題についても、判断する指針になると考えられます。

＊https://www.courts.go.jp/app/files/hanrei_jp/191/092191_hanrei.pdf

COLUMN

「心は女性」だと言えば男性は女性用トイレに入れるのですか？ ——唐突に「心は女性」などと主張しても、女性用トイレに入れるようになるわけではありません。

【当事者が抱える日常的な困難を知っていますか？】

最近、トランスジェンダーに否定的な言説の中で、性自認に基づく施設利用に批判的な声が聞かれます。たしかに、公衆浴場などにおいて、外観の身体的特徴によって利用者を制限することは必要な場面があります。しかし、トイレなどについても同様の対応をする、あるいは出生時に割り当てられた性別での利用をルール化することで、問題は解決するのでしょうか。

そもそも、トランスジェンダーの当事者が抱える日常的な困難について、あまりにも語られていない、知られていないという事実も踏まえるべきであると考えます。4人に1人は膀胱炎などの排泄障害を抱えているという調査結果*や、当事者がいずれかの性別に見えるよう常に努力を重ね、「義務感」にも似た感情で、仕草や振る舞い、服装などを調整しているという事実は看過されるべきではありません。

このような「問題」が持ち上がる時、よくあるのは「トランスジェンダー女性は男に見えるはずだ」という偏見です。トランスジェンダーも、シスジェンダーも、見た目はさまざまであり、典型的な女性イメージに近い人も遠い人もいるのです。実際に「よく男性に間違われる」というシスジェンダーの女性を筆者は何人も知っています。

【どうやってトランスジェンダーかどうかを判断するのでしょうか？】

経産省の最高裁判決（前のコラムを参照）で示されたように、施設管理者などは、具体的な実態を踏まえて、当事者の訴えを軽視せずに捉えることも必要になります。

この具体的な実態を考えるにあたって、次の例などから考えてみることも必要でしょう。例えば、アメリカでは、出生時の性別による施設利用をルール化した州があるようです。しかしそこでは、ホルモン療法などによって、極めて男性的に見えるトランスジェンダー男性、例えば、髭が生えていたり、筋肉がついて体格がよい、などといった人びとも、望んでいなくとも女性用の施設を利用せざるを得なくなったのです。

よく、トランスジェンダーの性自認によるトイレの利用を認めると、犯罪者と見分けがつかないと指摘されることがあります。しかし、仕草や振る舞い、服装などを「男性」に近づけようと努力し、場合によってはホルモン療法によって髭が生えていたり、体格がよくなっているトランスジェンダー男性に対して、出生時の性別による施設利用、すなわち女性用トイレを利用するよう強制することが、問題の解決に資するとはとても思えません。

仮に「女性用トイレからトランスジェンダーを排除しよう」などといった主張がなされたとし

て、そもそも誰をトイレを利用できる人とし、誰をトランスジェンダーだと判断するのでしょうか。そこに線の引きようはあるのでしょうか。この時、女性用トイレは原則個室になっているので、共用部では衣服を着ている状態です。つまり、共用部で身体的特徴を人目に晒すことがない、ということも踏まえる必要があります。

本当に厳密に判断しようと思えば、トイレの入り口で、服を脱ぐか、性別が記された身分証明書を見せないと入れないようにするなど、非現実的な方法しかないはずです。[**]

【「女性の安全」を担保するために真に必要なことは何でしょうか?】

ある大学で、「女性を守る」と主張し、トランスジェンダーの性自認に基づいたトイレ利用に反対したシスジェンダー男性は、その大学の女子トイレの照明の暗さや、女子トイレが人気(ひとけ)のない場所に位置していることなど、トランスジェンダーとは関係のない文脈で女性が不安を感じている環境には、全く関心を払っていなかったそうです。はたから見ると、現実に問題のある環境を無視して、トランスジェンダーの危険性を煽っていることが、本当におかしいとの声も耳にしました。

真に「女性の安全」を担保するためには、照明の明るさや、施設の位置や構造などに目を向け、予算をかけて改修することこそが求められていると言えます。

もちろん、性犯罪の刑法上の厳罰化や性暴力の救済法制の充実も進めていくべきでしょう。

具体的な現場環境などの実態に目を向け、当事者の訴えを軽視せず、解決に向けて効果的な取り組みを進めるべきであり、実態から目を背けて不安を煽っていても、問題の解決にはつながらないのではないでしょうか。

＊特定非営利活動法人虹色ダイバーシティ・株式会社ＬＩＸＩＬ「性的マイノリティのトイレ問題に関するＷＥＢ調査結果」、２０１６年　https://newsrelease.lixil.co.jp/user_images/2016/pdf/nr0408_01_01.pdf

＊＊医師の内田舞氏は、性自認に応じたトイレを使える州と、使えない州で、「のぞきや性犯罪などの頻度が変わらなかったという結果が報告されました。」と紹介している。詳細は次を参照のこと。内田舞「性自認に合うトイレを使える国で、『トランスジェンダーのふり』する性犯罪は起きているのか」講談社ＦＲＡＵ Ｗｅｂサイト、２０２３年。https://gendai.media/articles/-/113667?imp=0

この法律に基づく学校教育は、保護者の理解が得られないと実施できないものなのですか？

国会答弁で、保護者の理解や協力を得なければ取り組みが実施できない、ということは否定されています。
ただ、そのように喧伝する人びとがいることに気をつけなくてはなりません。

A5

学校教育に関する論点は、審議中に条文が二転三転しており、さまざまな角度から議論されていましたが、最終的な条文の文言をここで確認しておきましょう。

第六条第2項

学校（学校教育法（昭和二十二年法律第二十六号）第一条に規定する学校をいい、幼稚園及び特別支援学校の幼稚部を除く。以下同じ。）の設置者は、基本理念にのっとり、性的指向及びジェンダーアイデンティティの多様性に関するその設置する学校の児童、生徒又は学生（以下この項及び第十条第三項において「児童等」という。）の理解の増進に関し、家庭及び地域住民その他の関係者の協力を得つつ、教育又は啓発、教育環境の整備、相談の機会の確保等を行うことにより性的指向及びジェンダーアイデンティティの多様性に関する当該学校の児童等の理解の増進に自ら努めるとともに、国又は地方公共団体が実施する性的指向及びジェンダーアイデンティティの多様性に関する国民の理解の増進に関する施策に協力するよう努めるものとする。

第十条第3項

学校の設置者及びその設置する学校は、当該学校の児童等に対し、性的指向及びジェンダーアイデンティティの多様性に関する理解を深めるため、家庭及び地域住民その他の関係者の協力を得つつ、教育又は啓発、教育環境に関する相談体制の整備その他の必要な措置を講ずるよう努めるものとする。

法律の制定過程では、日本維新の会と国民民主党が提出した案の中で、「保護者の理解と協力を得て行う心身の発達に応じた」という文言が規定されていましたが、両党と与党の協議の結果、最終的には「保護者」という文言は「家庭及び地域住民その他の関係者」となり、「理解」という文言は削除されています。

また、この点については参議院の審議において法案提出者（國重徹衆議院議員）からも次のように答弁がなされています。

「教育基本法十三条に、学校、家庭及び地域住民その他の関係者は、相互の連携及び協力に努めるという定めがあります。その趣旨は、先ほどありましたとおり、教育の目的を実現するためには、学校、家庭、地域社会がそれぞれの果たすべき役割も大きく、これらの三者が相互に緊密に連携協力して取り組むことが重要であるということであります。
本法案の修正により追加された部分につきましても、教育基本法の文言と同様の趣旨でありまして、同様の定めをすることが法律としての安定性を高めることから、[14]家庭及び地域住民その他の関係者の協力を得つつという文言を用いることとしたものでありまして、御心配のように、保護者の協力を得なければ取組を進められないという意味ではありません。」

（傍線は筆者による）

このように「理解」を得ることはもとより、「保護者の協力を得なければ取組を進められないという意味では」ないことが明らかにされています。[15]

統計調査によれば、自分の子どもが当事者だった場合「嫌だ」と回答した割合は、近所の人や同僚が当事者だった場合の2倍以上、6割にも上っています。[16] つまり、自らの子どもが当事者であった場合の理解は、特に進んでいないと言えるでしょう。このような状況を踏まえ、またこの法律の基本理念（第三条）に、施策の実施にあたって、「その性的指向又はジェンダーアイデンティティにかかわらず、等しく基本的人権を享有するかけがえのない個人として尊重されるものであるとの理念にのっとり、性的指向及びジェンダーアイデンティティを理由とする不当な差別はあってはならないものであるとの認識の下に、相互に人格と個性を尊重し合いながら共生する社会の実現に資することを旨として」と規定されていることに鑑みれば、むしろ、保護者を巻き込み、基本理念に沿う取り組みを積極的にするべきであると言えるでしょう。

ただ、その際に注意しなくてはならないのは、児童・生徒・学生のプライバシーです。前述の通り、性的指向や性自認（ジェンダーアイデンティティ）に関する情報は、自分の子どもが当事者である場合にこそ、理解が進みにくい側面があります。また、既に文部科学省は、全国の教育委員会に宛てた「『事業主が職場における優越的な関係を背景とした言動に起因する問題に関して雇用管理状講ずべき措置等についての指針』の制定について（通知）」（元初財務第37号）の中で、「労働者の性的指向・性自認等の機微な個人情報について、当該労働者の了承を得ずに他の労働者に

(14) 教育基本法を参照するという意味では、第二条に示された教育の目標のうち二号の「個人の価値を尊重して、その能力を伸ばし、創造性を培い、自主及び自律の精神を養うとともに、職業及び生活との関連を重視し、勤労を重んずる態度を養うこと。」や第四条の「すべて国民は、ひとしく、その能力に応じた教育を受ける機会を与えられなければならず、人種、信条、性別、社会的身分、経済的地位又は門地によって、教育上差別されない。」も踏まえる必要がある。この法律の基本理念は憲法十四条を念頭に置いている（名越祐吾「性的指向及びジェンダーアイデンティティの多様性に関する国民の理解の増進に関する法律（令和5年法律68号）の制定について」『自治実務セミナー』2023年9月号、第一法規、6ページ）ことからも強調されるべき点である。

(15) 法学者の鈴木秀洋氏は、理解増進法の条文と併せて、こども基本法における「全ての子どもの基本的人権尊重と差別禁止（同法三条1号）、意見表明と最善の利益の保障（同条3号、4号）等の観点が取り入れられることは、統一的横断的法解釈の視点からは不可避となる」としている。詳細は前掲註(8)参照のこと。

(16) 釜野さおり「身近な性的マイノリティに対する嫌悪感」『性的マイノリティについての意識：2019年（第2回）全国調査報告会配布資料』釜野さおり・石田仁・風間孝・平森大規・吉仲崇・河口和也、2020年、108－109ページ、JSPS科研費（18H03652）「セクシュアル・マイノリティをめぐる意識の変容と施策に関する研究」（研究代表者広島修道大学 河口和也）調査班編　http://alpha.shudo-u.ac.jp/~kawaguch/2019chousa.pdf

暴露すること」が、パワーハラスメントに該当し得る旨を示した上で、別途、教職員と児童・生徒間のパワーハラスメントについて、必要な措置を講じることを求めています。

つまり、児童・生徒・学生から、カミングアウト等によって、性的指向・性自認（ジェンダーアイデンティティ）に関連する情報を知り得た場合において、当該児童・生徒・学生の同意なく、第三者に暴露することは、たとえ相手が保護者であったとしても、環境を害する効果をもたらし、パワーハラスメント（もしくは類する行為）と判定され得ると言えます。

学校現場では、とかく保護者との緊密な連携や情報共有が奨励される傾向にありますが、この課題については、必ずしもそうならないことを、十分に現場が踏まえておくべきと言えるでしょう。

COLUMN

子どもへの支援

イギリスでは、トランスジェンダーの子どもへの支援が性的な「グルーミング」であるなどとして、批判し、支援を妨害しようとする動きがあると指摘されています。[*] こうした批判は、支援団体が「子どもをトランスジェンダーにしようとしている」などの主張からなされているようですが、そもそも性自認を人が「変える」ことはできないという基本的事実を無視しているとともに、性的マイノリティという「性」について扱うことは「卑猥である」、よって「グルーミングだ」といった、極めて浅はかな差別と偏見、無知に満ちたものであると言わざるを得ません。

自分が出生時に割り当てられた性別に違和感を持つ時期は、中学生までが9割に達するという調査結果が出ています。[**] 一方、性的指向については、思春期以降に多数派と異なると自覚するケースが多いとされています。

基本が学校と家の往復である子どもたちにとって、親こそが性的マイノリティに対する嫌悪感が強いという日本社会の現状は、過酷なものがあります。実際に、三重県男女共同参画センターの高校生を対象とした調査でも、性的マイノリティについて他人に相談した当事者は7・7％にとどまっています。[***]

このような状況において、性的指向や性自認に関する悩みを自由に話すことができ、自分らしく偽らずに生きることのできる環境は極めて貴重なものであるにもかかわらず、実態を顧みない批判が跋扈するとすれば、命にも関わる大きな問題となります。

立教大学名誉教授の浅井春夫氏によれば、ジェンダー平等へのバッシングの源流として、旧統一教会の「新純潔宣言」があると指摘しています。アメリカでは、宗教右派がこのような性への攻撃をしかけており、過去には「子どもが同性愛者にされてしまう」などのバッシングも行われました。日本でも、宗教右派を使って、恐怖をかき立てることでバッシングをしかける動きがあり、現在のトランスジェンダーへの攻撃も「全く同じ」であるとしています。****

このようなバッシングの背景を踏まえながら、親が嫌悪感を持つ割合の高さや、親に相談することのできない当事者の実態、もちろん支援の実態も含めて十分に踏まえた上で、支援の取り組みについて、自治体などは適切に判断することが求められています。

＊ショーン・フェイ『トランスジェンダー問題』高井ゆと里訳、明石書店、2022年、66ページ

＊＊中塚幹也「学校の中の『性別違和感』を持つ子ども　性同一性障害の生徒に向き合う」JFPS日本学術振興会科学研究費助成事業2011~2012年度挑戦的萌芽研究23651263「学校における性同一性障害の子どもへの支援法の確立に向けて」、2013年、3ページ

＊＊＊三重県男女共同参画センター「フレンテみえ」「多様な性と生活についてのアンケート調査」、2018年、28ページ

＊＊＊＊浅井春夫「性を攻撃する宗教右派と自民党右派の結託　性教育バッシングの狙い」毎日新聞（政治プレミア）、2023年8月30日　https://mainichi.jp/premier/politics/articles/20230830/pol/00m/010/00600c

この法律は、自治体の取り組みを制限したり、性的マイノリティに関する教育に介入するきっかけとなるものですか？

A6

法律にそのような効果はなく、そうあってはならないとされています。一方、この法律を悪用し、介入を企図する動きも一部で見られ、警戒を怠らないことも必要となるでしょう（79ページの註(6)を参照のこと）。

法案策定の議論の中では、教育を規制するためにＬＧＢＴ法案が必要だ、などと公然と述べる国会議員や、この法律が「行き過ぎた条例を制限する抑止力」であると指摘する国会議員も見られました。

しかし、法案提出者の新藤義孝衆議院議員は、そもそも地方公共団体の取り組みについて「この法案ができたから何かの制限をする、介入するためのきっかけになることではないというのは、理念法ですから、何度も申し上げたいと思います。」と答弁しています。

この答弁から、この法律が地方公共団体の取り組みを制限したり介入するものではないことは明らかと言えます。教育委員会も地方公共団体の一部であり、この法律が介入のきっかけとなら

(17) 鈴木秀洋「理解増進法の制定を受け自治体はどう対応すべきか」『自治実務セミナー』2023年9月号、第一法規、20ページ

(18) 憲法二十六条に鑑みれば、この法律によって、よりいっそう性的マイノリティの子どもたちが教育を受けることのできる環境整備等が要請されると解することもできる。

ないのは明らかと言えるでしょう。

しかし、Q5やQ8で言及しているように、「親の理解が必要だ」、「すべての人が安心する施策でなくてはならない」などと、法律を表面的、ないし恣意的に解釈し、取り組みを制限したり、介入する動きも一部であると聞かれます。

このような動きから関連する教育を控えることは「当該法律の趣旨に合致しない現場対応[17]」と指摘されていることにも十分留意する必要があり、差別による困難を抱えている当事者、特に助けを求める声をよりあげづらい子どもたちを念頭に、むしろ積極的な取り組みが求められます[18]。

法案審議で「民間団体等の活動の促進」が削除されたと聞きましたが、民間団体に否定的な見解に基づくものですか？

A7

「民間団体等の自発的な活動の促進」は引き続き「当然のこと」と答弁されています。

法案審議の中で、国や地方公共団体の施策における例示として挙げられていた、「民間の団体等の自発的な活動の促進」が例示から削除されることとなりました。しかし、法案提出者の國重衆議院議員は次のように強調もしています。

「必要な民間団体等の自発的な活動の促進を引き続き行っていくことは当然のことでありまして、基本計画や指針によりこうした活動の促進の適切な在り方も示されていくものと期待をしております。」

すでに企業などを中心に、日本社会では「アライ」と言われる支援者の存在や活動について注目されてきています[19]。企業内でアライグループを作る動きも広く聞かれるところです。

こうしたことから、日本経済団体連合会は、２０１７年に発表した加盟企業向けの提言の中で「ＬＧＢＴに関わる様々なＮＰＯ法人等との意見交換や協働を図ることは有用である」であるとしています[20]。

性的マイノリティに関わる現場のニーズ把握はもとより、同時に学術的な知見を持ち、行政、企業、学校などにおける文脈や専門性も踏まえることは、効果的な施策の実施において必要であり、このようなことを可能とするには一定のスキルや能力が求められます。これらの点を熟知せず、根拠が薄い中で行われた施策は、むしろ理解を妨げ、法律の趣旨と逆の効果をもたらすこともあります。

各組織や個人が、性的指向や性自認（ジェンダーアイデンティティ）に関する知見とともに、施策実施のための専門的な知見を養っていくことは、法に基づく取り組みの前提として推進されていくべきものであると捉えられます。

(19) 例えば次の記事など。鮫島沙織「アライを増やすことが従業員の心理的安全性を高める Allies Connect代表 東由紀さん」BizReach WithHR、２０２１年。https://media.bizreach.biz/26591/

(20) 日本経済団体連合会『ダイバーシティ・インクルージョン社会の実現に向けて』２０１７年、10ページ https://www.keidanren.or.jp/policy/2017/039_honbun.pdf

「全ての国民が安心して生活すること」への「留意」が記された第十二条は、権利保障の取り組みを阻害するものなのですか？

A8

答弁では、第十二条は基本理念である基本的人権の尊重等、第三条の趣旨を明確化したものだとされています。

第十二条は、「多数派に配慮すべし」という主張に端を発して追加された条文であるという議論の経過から、性的マイノリティ当事者の立場からは、懸念を抱かざるを得ない条文となっています。このような条文は他の差別に関する課題を扱った法律でも見られません。「全ての国民が安心して生活することができることとなるよう、留意するものとする。」の「安心」という言葉づかいも、主観的なものではないかとの懸念を呼んでいます。そして、今行われている権利保障のための取り組みを阻害するのではないかとも聞かれます。

ただ、法案提出者の答弁は抑制的であり、一定程度懸念を払拭するものとなっています。

例えば、法案提出者である国民民主党の斎藤アレックス衆議院議員は、「地方公共団体で行われている取組を阻害したりとか抑制したりするものでは一切ございません。」と答弁しています。

さらに、同じく法案提出者である公明党の國重徹衆議院議員は「十二条は留意事項でありまして、そこで定められている内容は、元々一条の目的や三条の基本理念においてうたわれている共生社会の理念と同じものでありましたが、これを強調する趣旨で留意事項として入れることとしたものであります。」と答弁しています。

つまり、留意事項については、あくまで目的や基本理念の強調、確認に過ぎないと答弁されているのです。

議員立法において、法案提出者の答弁は、解釈にあたっての重要な手がかりであるため、本書でも答弁を引いてきたことを改めて強調したいと思いますが、この第十二条における答弁は、ひときわ知られるべきものであると言えるでしょう。

マイノリティが生きやすい社会は、すべての人が生きやすい社会である、という考え方は、社会の中で一定程度浸透しているものであると思いますが、法案提出者の答弁を踏まえれば、第十二条については、性的マイノリティの安心があってこそ、すべての人が安心して生活することのできる社会となると解すべきでしょう。

そもそも、性的マイノリティの自死未遂経験率や、自死念慮を抱える割合は多いと指摘されていますが、労働政策研究・研修機構の研究グループの試算によると「ＬＧＢＴの自殺・うつによる社会的損失の試算値（暫定）は１９８８〜５５２１億円」とされており、いじめ、ハラスメント対策などの施策を講じないことは、社会保障費などを圧迫すると示唆されています。[21]

一方で、第十二条を考えるにあたって重要なこととして、主観的な「安心」あるいは、その裏返しである「不安」に振り回されないといったことも挙げられます。

この点、現在法律の担当大臣である小倉將信共生社会担当大臣は「ＥＢＰＭの推進は、政策の有効性を高め、国民の行政への信頼の確保に資するものでありまして、本法案における理解の増進に関する施策の推進等におきましても大事にしなければならない視点だと考えております。」と答弁しています。

このＥＢＰＭについて、内閣府は次のように説明しています。

「ＥＢＰＭ（エビデンス・ベースト・ポリシー・メイキング／証拠に基づく政策立案）とは、政策の企画をその場限りのエピソードに頼るのではなく、政策目的を明確化したうえで合理的根拠（エビデンス）に基づくものとすることです。

政策効果の測定に重要な関連を持つ情報や統計等のデータを活用したＥＢＰＭの推進は、政策の有効性を高め、国民の行政への信頼確保に資するものです。[22]」

つまり小倉大臣は、「その場限りのエピソード」ではなく、「合理的根拠（エビデンス）」に基づ

(21) 岩本健良・平森大規・内藤忍・中野諭「性的マイノリティの自殺・うつによる社会的損失の試算と非当事者との収入格差に関するサーベイ」労働政策研究・研修機構ウェブサイト、２０１９年3月　https://www.jil.go.jp/institute/discussion/2019/documents/DP19-05.pdf

(22)「内閣府におけるＥＢＰＭへの取組」 https://www.cao.go.jp/others/kichou/ebpm/ebpm.html

いて、政策立案をすべきであり、その効果測定には、調査や統計等のデータの活用などが重要であると示しているのです。

今後、政府は第十二条に基づく「指針」を策定することになるようですが、大臣の答弁通りであれば、上述のような観点を踏まえ、客観的な指標に基づき、施策を推進できるような「指針」が策定されることになると期待しています。

【資料】

性的指向及びジェンダーアイデンティティの多様性に関する国民の理解の増進に関する法律

（「LGBT理解増進法」）

令和五年六月二十三日公布・施行

（目的）

第一条　この法律は、性的指向及びジェンダーアイデンティティの多様性に関する国民の理解が必ずしも十分でない現状に鑑み、性的指向及びジェンダーアイデンティティの多様性に関する国民の理解の増進に関する施策の推進に関し、基本理念を定め、並びに国及び地方公共団体の役割等を明らかにするとともに、基本計画の策定その他の必要な事項を定めることにより、性的指向及びジェンダーアイデンティティの多様性を受け入れる精神を涵(かん)養し、もって性的指向及びジェンダーアイデンティティの多様性に寛容な社会の実現に資することを目的とする。

（定義）

第二条　この法律において「性的指向」とは、恋愛感情又は性的感情の対象となる性別についての指向をいう。

2　この法律において「ジェンダーアイデンティティ」とは、自己の属する性別についての認識に関するその同一性の有無又は程度に係る意識をいう。

（基本理念）

第三条　性的指向及びジェンダーアイデンティティの多様性に関する国民の理解の増進に関する施策は、全ての国民が、その性的指向又はジェンダーアイデンティティにかかわらず、等しく基本的人権を享有するかけがえのない個人として尊重されるものであるとの理念にのっとり、性的指向及びジェンダーアイデンティティを理由とする不当な差別はあってはならないものであるとの認識の下に、相互に人格と個性を尊重し合いながら共生する社会の実現に資することを旨として行われなければならない。

（国の役割）

第四条　国は、前条に定める基本理念（以下単に「基本理念」という。）にのっとり、性的指向及びジェンダーアイデンティティの多様性に関する国民の理解の増進に関する施策を策定し、及び実施するよう努めるものとする。

（地方公共団体の役割）

第五条　地方公共団体は、基本理念にのっとり、国との連携を図りつつ、その地域の実情を踏まえ、性的指向及びジェンダーアイデンティティの多様性に関する国民の理解の増進に関する施策を策定し、及び実施するよう努めるものとする。

（事業主等の努力）

第六条　事業主は、基本理念にのっとり、性的指向及びジェンダーアイデンティティの多様性に関するその雇用する労働者の理解の増進に関し、普及啓発、就業環境の整備、相談の機会の確保等を行うことにより性的指向及びジェンダーアイデンティティの多様性に関する当該労働者の理解の増進に自ら努めるとともに、国又は地方公共団体が実施する性的指向及びジェンダーアイデンティティの多様性に関する国民の理解の増進に関する施策に協力するよう努めるものとする。

２　学校（学校教育法（昭和二十二年法律第二十六号）第一条に規定する学校をいい、幼稚園及び特別支援学校の幼稚部を除く。以下同じ。）の設置者は、基本理念にのっとり、性的指向及びジェンダーアイデンティティの多様性に関するその設置する学校の児童、生徒又は学生（以下この項及び第十条第三項において「児童等」という。）の理解の増進に関し、家庭及び地域住民その他の関係者の協力を得つつ、教育又は啓発、教育環境の整備、相談の機会の確保等を行うことにより性的指向及びジェンダーアイデンティティの多様性に関する当該学校の児童等の理解の増進に自ら努めるとともに、国又は地方公共団体が実施する性的指向及びジェンダーアイデンティティの多様性に関する国民の理解の増進に関する施策に協力するよう努めるものとする。

（施策の実施の状況の公表）

第七条　政府は、毎年一回、性的指向及びジェンダーアイデンティティの多様性に関する国民の理解の増進に関する施策の実施の状況を公表しなければならない。

（基本計画）

第八条　政府は、基本理念にのっとり、性的指向及びジェンダーアイデンティティの多様性に関する国民の理解の増進に関する施策の総合的かつ計画的な推進を図るため、性的指向及びジェンダーアイデンティティの多様性に関する国民の理解の増進に関する基本的な計画（以下この条において「基本計画」という。）を策定しなければならない。

2　基本計画は、性的指向及びジェンダーアイデンティティの多様性に関する国民の理解を増進するための基本的な事項その他必要な事項について定めるものとする。

3　内閣総理大臣は、基本計画の案を作成し、閣議の決定を求めなければならない。

4　内閣総理大臣は、前項の規定による閣議の決定があったときは、遅滞なく、基本計画を公表しなければならない。

5　内閣総理大臣は、基本計画の案を作成するため必要があると認めるときは、関係行政機関の長に対し、資料の提出その他必要な協力を求めることができる。

6　政府は、性的指向及びジェンダーアイデンティティの多様性をめぐる情勢の変化を勘案し、並びに性的指向及びジェンダーアイデンティティの多様性に関する国民の理解の増進に関する施策の効果に関する評価を踏まえ、おおむね三年ごとに、基本計画に検討を加え、必要があると認めるときは、これを変更しなければならない。

7　第三項から第五項までの規定は、基本計画の変更について準用する。

（学術研究等）

第九条　国は、性的指向及びジェンダーアイデンティティの多様性に関する学術研究その他の性的指向及びジェンダーアイデンティティの多様性に関する国民の理解の増進に関する施策の策定に必要な研究を推進するものとする。

（知識の着実な普及等）

第十条　国及び地方公共団体は、前条の研究の進捗状況を踏まえつつ、学校、地域、家庭、職域その他の様々な場を通じて、国民が、性的指向及びジェンダーアイデンティティの多様性に関する理解を深めることができるよう、心身の発達に応じた教育及び学習の振興並びに広報活動等を通じた性的指向及びジェンダーアイデンティティの多様性に関する知識の着実な普及、各般の問題に対応するための相談体制の整備その他の必要な施策を講ずるよう努めるものとする。

2　事業主は、その雇用する労働者に対し、性的指向及びジェンダーアイデンティティの多様性に関する理解を深めるための情報の提供、研修の実施、普及啓発、就業環境に関する相談体制の整備その他の必要な措置を講ずるよう努めるものとする。

3　学校の設置者及びその設置する学校は、当該学校の児童等に対し、性的指向及びジェンダーアイデンティティの多様性に関する理解を深めるため、家庭及び地域住民その他の関係者の協力を得つつ、教育又は啓発、教育環境に関する相談体制の整備その他の必要な措置を講ずるよう努めるものとする。

（性的指向・ジェンダーアイデンティティ理解増進連絡会議）

第十一条　政府は、内閣官房、内閣府、総務省、法務省、外務省、文部科学省、厚生労働省、国土交通省その他の関係行政機関の職員をもって構成する性的指向・ジェンダーアイデンティティ理解増進連絡会議を設け、性的指向及びジェンダーアイデンティティの多様性に関する国民の理解の増進に関する施策の総合的かつ効果的な推進を図るための連絡調整を行うものとする。

（措置の実施等に当たっての留意）

第十二条　この法律に定める措置の実施等に当たっては、性的指向又はジェンダーアイデンティティにかかわらず、全ての国民が安心して生活することができることとなるよう、留意するものとする。この場合において、政府は、その運用に必要な指針を策定するものとする。

附　則　抄

（施行期日）

第一条　この法律は、公布の日から施行する。

（検討）

第二条　この法律の規定については、この法律の施行後三年を目途として、この法律の施行状況等を勘案し、検討が加えられ、その結果に基づいて必要な措置が講ぜられるものとする。

おわりに

結局のところ何が起こったのか。性的マイノリティとは「見るのも嫌な存在」では決してない、そのように主張されていたはずなのに、最終盤には「安心できない存在」へと議論がすり替わってしまっていた。そんな嘆きの声があちこちで聞かれている。

この半年間はあまりにも展開が早く、一体何が起こっているのか、追いついていくのも一苦労だったとの声もよく聞かれた。現場で髪を振り乱していた私たちにとっても、次の瞬間には突如として全く違う展開や議論が出てくる――2023年上半期の特に後半はそのような様相を呈していた――、そのため振り落とされないよう必死の半年間であった。

この間、当事者は勇気をふりしぼり、リスクを覚悟して前に出て、口々に現状を語り、何とか歴史を進めようと奮闘した。その際、長年にわたって先達が培ってきた運動のネットワークがフルに稼働し、さまざまな分野からの支援や応援を本書で言及し切れないほどいただいた。

超党派の議員連盟の国会議員の先生方は、各党派において懸命な努力を積み重ねてくださった。それぞれの持ち場で、最大限、性的マイノリティの当事者に心を砕き、人権尊重に向けた主張を繰り返してくださったように思う。

それでも、LGBT法連合会発足以降の8年間を振り返ってみても、このような顚末を誰が予想しただろうか。LGBT法連合会をはじめ、当事者が懸命に訴え、求めていたこととは、距離の開いた着地点になってしまった。

それでも、この法律と向き合っていかなければならない。この2023年上半期の出来事を、まずは（私の視点から拙いながらも）取りまとめ、歴史に残すとともに、私たちが成し遂げたこと、半ばに終わったことを整理しようと筆を取ったのが本書である。幸いなことに、何人かの方に強く執筆を勧めていただいたことにも背中を押された。

後半のQ&A部分は、ひとえに、超党派の議員連盟所属の先生方の、一歩でも、爪の先ほどでもの前進をと重ねていただいた努力、国会質問や答弁をもとにしている。この法律をどのように前向きに活用できるか、緊急出版という限られた時間の中で検討、執筆させていただいた。

本書の刊行は、既にLGBT法連合会編の書籍を3冊刊行いただいている、かもがわ出版さんにご相談させていただき、すぐにご快諾、出版いただけたことに、この場を借りて御礼申し上げたい。編集者の伊藤知代さんには、スケジュールの融通や的確なご提案など、さまざまなご尽力をいただいた。感謝申し上げたい。

また、本書には多くの方にコメントを頂戴した。紙幅の関係などで、お名前を挙げることは差し控えるが、たくさんの方のおかげをもってこの本を世に出すことができたことに心から御礼申し上げる。

２０２３年時点の到達点と限界を記した本書が、今後の当事者の生活改善の取り組みに資することを祈念し、筆を置くこととしたい。

２０２３年9月

神谷悠一

●著者プロフィール

神谷 悠一（かみや・ゆういち）

1985年岩手県盛岡市生まれ。早稲田大学教育学部卒業。一橋大学大学院社会学研究科修士課程修了。LGBT法連合会理事・事務局長。早稲田大学ジェンダー研究所招聘研究員。兵庫県明石市LGBTQ＋/SOGIE施策アドバイザー。これまでに、内閣府「ジェンダー統計の観点からの性別欄検討ワーキンググループ」構成員や、一橋大学大学院社会学研究科客員准教授を歴任。著書に『LGBTとハラスメント』（松岡宗嗣氏との共著）、『差別は思いやりでは解決しない――ジェンダーやLGBTQから考える』（以上、集英社新書）ほか。

検証「LGBT理解増進法」
SOGI差別はどのように議論されたのか

2023年10月10日　初版第1刷発行

著　者―神谷 悠一
発行者―竹村 正治
発行所―株式会社かもがわ出版
〒602-8119　京都市上京区堀川通出水西入
TEL：075-432-2868　FAX：075-432-2869
振替　01010-5-12436

印刷所―シナノ書籍印刷株式会社

ISBN　978-4-7803-1298-0　C0032